A Great Book OF American Songs 2

RUSSELL A. CLEMO

A Great Book

OF

American

Songs

RUSSELL A. CLEMO

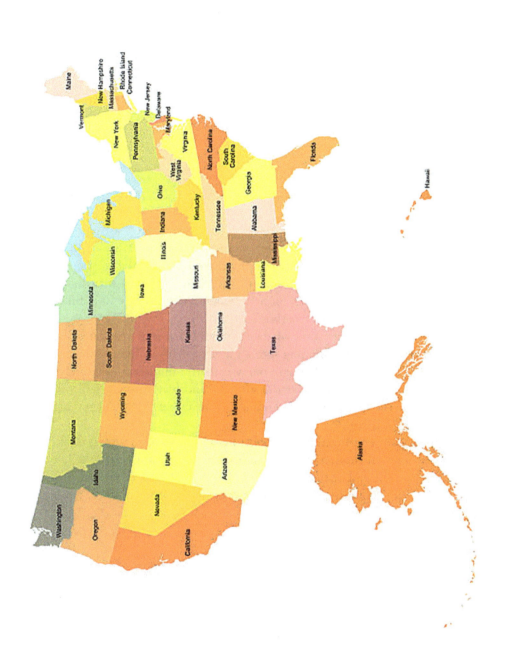

ABOUT THIS BOOK:

This book contains 120 written songs in 12 chapters, without sheet music included. These collections of written songs are the creation of one Author, Russell A. Clemo. This collection of songs span many different Genre's including Country Music, Blues, Rock'N'Roll, Bluegrass, Folk and New Alternative.

This book focuses on love, where each individual song replicates one unto the other, transitioning into a range of many different subjects. Within each chapter there are many cathartic moments, where love is closed off and it requires the want to find love through faith, to continue reaching. This book contains many upbeat Melodies and big Country anthems.

This is a great performing arts tool. You can simply open up this book, turn to any section, and the beginning of a song will be on the left page and the end of that song will be on the right page. You can sing along while instruments play and make music instantly.

Ingram Spark Publishing Service & Subsidiary Lightning Source.
ISBN: 979-8-218-48534-4

ACKNOWLEDGEMENTS:

To my parents Robert and Dee Clemo, and to my sibling's Jennie Clemo Fernandez, Christian Clemo, and Sarah Clemo Strand.

And to my extended family Doug Clemo, Daryl Duncan, Virginia Steinke, Shannon Watson, Jeff Steinke, Cyndi Thompson, Nadine Hanson, Mary Stuker, Barbara Skramstad, and Dave Duncan.

DEDICATION:

To my loving mother, Dee Clemo.

CHAPTER:

A Great Book Of American Songs (I.)

Russell A. Clemo

INDEX

By: Russell A. Clemo
Song titled: **U-S-A Can You See**

Chorus
U-S-A can you see
By the dawn as it lyes
When the rockets take air
When bombs drop from mid air
This gave proof through the night
Because our flag was still there
U-S-A can you see
That star spangled banner
That banner yet waves
It's for the land of the free
For we are the land of the free
And the home - - of the - - brave..
U-S-A can you see
By the dawn as it lyes
When the rockets take air
Ya when the bombs drop from mid air
This gave proof through the night
Because our flag was still there
U-S-A can you see
That star spangled banner
That banner yet waves
It's for the land of the free
for we are the land of the free
And the home - - of the - - brave..

....End song

By: Russell A. Clemo
Song titled: **Move A Little Closer**

Move A little closer
Pulling you in right here
Now you're a little closer
Ya I need you right here
      Chorus

      Verse one:
Spinning you around in my arms
We can dance right here
Barefoot dancen in the rain
I gotta have you near
Hear the thunder dancen
Our hearts don't feel fear
Warm raindrops are dancen
The music is all we hear
Tell me do you feel like dancen
Move a little closer
Pulling you in right here
Now you're a little closer
I need you right here
Hear the rain on the car roof
The music's in your ear
Dancing in the parking lot
I just wanna have you here
Music playen through a window
Rain and thunder right here

Move a little closer
Pulling you in right here
Now you're a little closer
Ya I need you right here
      Chorus

Verse two:
You spin me around in your arms
Warm rain dancen right here
I can feel all of your charms
Barefoot dancen a summer storm is here
Let me feel your heart beat
I don't wanna feel your fear
Lightning is getten closer
We'll dance a little storm chase
That music is so good to hear
Move a little closer
Pulling you in right here
Now you're a little closer
I need you right here
Hear the rain on the car roof
The music's in your ear
Dancing in the parking lot
I just wanna have you here
Music's playen through a window
Rain and thunder right here

....End song

By: Russell A. Clemo
Song titled: **I Told You I'm Not Leaven**

I told you I'm not leaven
I'm not already gone
Please believe I'm turning up
Believe I'm turning on
Baby please believe
          Chorus

          Verse one:
I'm aimen at higher stars honey
Getting at higher stars for a liven
Feeling all my strings attached
If I couldn't dream it baby it's given
I know that I never scratched the ceiling
I'm doin this for you now
Ya another dream has attached
Now dance for me girl
Let your hands move and scratch
I told you I'm not leaven
I'm not already gone
Please believe I'm turning up
Believe I'm turning on
Baby please believe
You've gotta keep your focus
While you're always looken
I know that you're reading for me
Now let me make the booken

I told you I'm not leaven
I'm not already gone
Please believe I'm turning up
Believe I'm turning on
Baby please believe
          Chorus

Verse two:
I'm aimen at higher stars honey
Getting at higher stars for a liven
Feeling all my strings attached
If I couldn't dream it baby it's given
I know that I never scratched the ceiling
I'm doin this for you now
Ya another dream has attached
Now dance for me girl
Let your hands move and scratch
I told you I'm not leaven
I'm not already gone
Please believe I'm turning up
Believe I'm turning on
Baby please believe
You've gotta keep your focus
While you're always looken
I know that you're reading for me
Now let me make the booken

I told you I'm not leaven
I'm not already gone
Please believe I'm turning up
Believe I'm turning on
Baby please believe
Chorus

....End song

By: Russell A. Clemo
Song titled: **More Than A Feeling**

More than a feeling
Ya baby it's right
I don't need to let go
You feel that it's right
    Chorus

    Verse one:
You with your friends
I'm with all of your trends
Ya I'm in your social I.M.'s
You check when I sends
I'm feelen when you send
You have all of my love
Ya girl see when it bends
You can see when it bends
More than a feeling
More than a feeling now
Ya baby it's right
I don't need to let go
You feel that it's right
You're lighten up that spark
You and me we'll find our top
I'm ready for the starry apex
You and me we won't stop
Ya it's more than a feeling now

More than a feeling
Ya baby it's right
I don't need to let go
You feel that it's right
    Chorus

Verse two:
I'm with my friends
You're with all of my trends
Ya you're in my social I.M.'s
I check when you sends
You feelen when I send
You have all of my love
Ya girl see when it bends
I can see when it bends
More than a feeling
More than a feeling now
Ya baby it's right
I don't need to let go
You feel that it's right
You're lighten up that spark
You and me we'll find our top
I'm ready for the starry apex
You and me we won't stop
Ya it's more than a feeling now

....End song

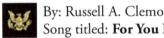 By: Russell A. Clemo
Song titled: **For You I Will Try**

For you I will try
I will write it for you
When I shine for you
Ya the stars shine it's true
          Chorus

          Verse one:
Rubies and Sapphires in the sky
With those sapphires in the rain
It's the diamonds in your eyes
Baby I want to be your something special
I want to be that guy
I know we belong together
Ya I know that we can fly
Girl we ain't gotta try
I do it all for you
For you I will try
I will write it for you
When I shine for you
Ya the stars shine it's true
Girl when we try now
Our life's in the fast lane
It ain't do or die now
Rubies and Sapphires in the sky
Ya we won't let it die now

For you I will try
I will write it for you
When I shine for you
Ya the stars shine it's true
          Chorus

Verse two:
Sunset and fire in the sky
The sunset is in your eyes
It's that look is in your eyes
Baby I want to be your something special
You want me to be that guy
You know we belong together
Ya you know that we can fly
Girl we ain't gotta try
I do it all for you
For you I will try
I will write it for you
When I shine for you
Ya the stars shine it's true
Girl when we try now
Our life's in the fastlane
It ain't do or die now
Sunset and fire in the sky
Ya we won't let it die now

....End song

By: Russell A. Clemo
Song titled: **It's More Than A Touch**

It's more than a touch
It's you and me girl
You're more than a touch with lips
Ya you're more than a touch
        Chorus

        Verse one:
I'm not waiting baby
Not waiting for you
I need you honey
Ya when I'm coming for you
YaYou know me honey
What did you do with those lips
It's a cruel love baby
When we are apart that's true
I need you now so kiss me
It's more than a touch
It's you and me girl
You're more than a touch with lips
Ya you're more than a touch
You are beautiful baby
Beautiful just the way you are
But when we are apart
It's a cruel love baby
It twists my fragile heart

It's more than a touch
It's you and me girl
You're more than a touch with lips
Ya you're more than a touch
        Chorus

Verse two:
If you're not waiting baby
Dont wait for me
I need you honey
Ya when you're coming for me
Ya you know me honey
What did you do with those lips
It's a cruel love baby
When we are apart that's true
I need you now so kiss me
It's more than a touch
It's you and me girl
You're more than a touch with lips
Ya you're more than a touch
You tell me I'm beautiful baby
Beautiful just the way I am
But when we are apart
It's a cruel love baby
Ya it twists my fragile heart

....End song

By: Russell A. Clemo
Song titled: **We Go Through Changes**

We go through changes
I can't be runnen baby
We go through changes
Your runnen in circles
        Chorus

        Verse one:
Don't tell me like that girl
Ya if I was changen
If I changed for you
Now you want me runnen
So I stay runnen for you
Girl who's got a clue
You have my heart right now
You always break it in two
We go through changes
I can't be runnen baby
We go through changes
You runnen in circles
I can't be runnen
Now I'm runnen with you
Ya I think I've got it now
That's when you take my heart girl
We'll come back around it's true
Ya then you break my heart in two

We go through changes
I can't be runnen baby
We go through changes
Your runnen in circles
        Chorus

Verse two:
Don't tell me like that girl
Ya if I was changen
If I changed for you
Now you want me runnen
So I stay runnen for you
Girl who's got a clue
You have my heart right now
You always break it in two
We go through changes
I can't be runnen baby
We go through changes
You runnen in circles
I can't be runnen
Now I'm runnen with you
Ya I think I've got it now
That's when you take my heart girl
We'll come back around it's true
Ya then you break my heart in two

....End song

By: Russell A. Clemo
Song titled: **I Want That Little Momma Sexy**

I want that little momma sexy
Ya pretty little drama
I want to dance with you momma
Ya I want to dance with you momma
      Chorus

      Verse one:
I can't be fallen for you
Ya I can't be all in
Maken it happen too fast
Another drink little momma
We're onto the dance floor
Another round with you girl
That skirt is all sexy drama
Can I dance behind you
I wanna grab on your hips
I'll spin you around honey
Ya You give my heart a twist
Then you turn toward me girl
Ya you give me that whiskey kiss
Dance me around now girl
I need a love like this
Ya you need a love like this
Please turn me around
I want your love like this

I want that little momma sexy
Ya pretty little drama
I want to dance with you momma
Ya I want to dance with you momma
      Chorus

Verse two:
I can't be fallen for you
Ya I can't be all in
Maken it happen too fast
Another drink little momma
We're onto the dance floor
Another round with you girl
That skirt is all sexy drama
Can I dance behind you
I wanna grab on your hips
I'll spin you around honey
Ya You give my heart a twist
Then you turn toward me girl
Ya you give me that whiskey kiss
Dance me around now girl
I need a love like this
Ya you need a love like this
Please turn me around
I want your love like this

....End song

By: Russell A. Clemo
Song titled: **You And Me We'll Get The Money**

You and me we'll get the money
Ya in a heavy metal fashion
Steel horses in some country
Ya on a steel horse imagine
        Chorus

        Verse one:
That engine sounds like thunder
Ya rolling thunder chassis
How do I stop from going under baby
Ya this Harley motor has me
Tell me and I'll make it happen
This Dream is for you and me
Ya on a knuckle head give it gassen
You can feed that throttle baby
Ya tell me it already happened
You and me we'll get the money
Ya in a heavy metal fashion
Steel horses in some country
Ya on a steel horse imagine
Baby they can't outrun me
The wind will still chase us
Ya everyone chase the money
We'll ride under moonlit stars
Ya baby they won't outrun me

You and me we'll get the money
Ya in a heavy metal fashion
Steel horses in some country
Ya on a steel horse imagine
        Chorus

Verse two:
Your engine sounds like thunder
Ya rolling thunder chassis
How do you stop from going under baby
Ya this Harley motor has me
Tell me and I'll make it happen
This dream is for you and me
Ya on a knuckle head give it gassen
You can feed that throttle baby
Ya tell me it already happened
You and me we'll get the money
Ya in a heavy metal fashion
Steel horses in some country
Ya on a steel horse imagine
Baby they can't outrun me
The wind will still chase us
Ya everyone chase the money
We'll ride under moonlit stars
Ya baby they won't outrun me

....End song

By: Russell A. Clemo
Song titled: **When You Are Looken In**

When you are looken in
Will I taste your lips
When will I sin
Will I taste your kiss
        Chorus

        Verse one:
What pulls me down
Gravitaten towards the ground
Will I drink the whiskey
Ya will I succumb and drowned
I can't take the way you touch
When you are touchen me girl
It stings all of my skin
When you are looking at me
When you are looken in
Will I taste your lips
When will I sin
Will I taste your kiss
Feel you like a fist
Ya so much from the start
I will run for you it's true
Even when your pullen me down
Feel love pullen me down it's true
Baby what's comen over me

When you are looken in
Will I taste your lips
When will I sin
Will I taste your kiss
        Chorus

Verse two:
We've both had enough
We can feel the ground
Take another drink of whiskey honey
Ya will I succumb and drowned
I need the way you touch
Will you keep on touchen me girl
When it stings all of my skin
When you are looking at me
When you are looken in
Will I taste your lips
When will I sin
Will I taste your kiss
Feel you like a fist
Ya so much from the start
I will run for you it's true
Even when your pullen me down
Feel love pullen me down it's true
Baby what's comen over me

....End song

Chapter:

A Great Book Of American Songs (II.)

Russell A. Clemo

INDEX

By: Russell A. Clemo
Song titled: **You Can Feel That Fire**

You can feel that fire
I'm something up above
You can see me now
Ya I'm flying like a dove
        Chorus

        Verse one:
My sattelites are so active
Ya solar I'm so active
Feeling like I'm that impactive
Feeling love in your eyes
Don't want your cries
Ya baby no more cries
You can feel it in the highs
You're the sum of everyone's eyes
Ya with everyone's highs
You can feel that fire
I'm something up above
You can see me now
Ya I'm flying like a dove
Have you flyen so in love
Can you be with me
I'll let you see with me
Baby just kiss my lips
Ya I will kiss your lips

You can feel that fire
I'm something up above
You can see me now
Ya I'm flyen like a dove
        Chorus

Verse two:
Your sattelites are so active
Ya solar your so active
Feeling like your that impactive
Feeling love in your eyes
Don't want your cries
Ya baby no more cries
I can feel it in the highs
I'm the sum of everyone's eyes
Ya with everyone's highs
You can feel that fire
I'm something up above
You can see me now
Ya I'm flyen like a dove
Have you flyen so in love
Can you be with me
I'll let you see with me
Baby just kiss my lips
Ya I will kiss your lips

….End song

By: Russell A. Clemo
Song titled: **Our Feelings Will Never Change**

Our feelings will never change
Even when we're seeing something strange
Ya we could be there at last
So baby we will be there
>Chorus

>Verse one:
You and me are so special
You know this is so real
Ya won't let it go cold
Won't let something new
Won't let it grow old
We're moven in circles honey
All of our friends in circles
I'm comen back around to you
Ya I'm always comen back around to you
Our feelings will never change
Even when we're seeing something strange
Ya we could be there at last
So baby we will be there
When it feels so different
When we are seeing with stars
You and me under the moonlight
I can see you in the stars
Our feelings will never change

Our feelings will never change
Even when we're seeing something strange
Ya we could be there at last
So baby we will be there
>Chorus

Verse two:
You and me are so special
You know this is so real
Ya won't let it go cold
Won't let something new
Won't let it grow old
We're moven in circles honey
All of our friends in circles
I'm comen back around to you
Ya I'm always comen back around to you
Our feelings will never change
Even when we're seeing something strange
Ya we could be there at last
So baby we will be there
When it feels so different
When we are seeing with stars
You and me under the moonlight
I can see you in the stars
Our feelings will never change

....End song

By: Russell A. Clemo
Song titled: **Waken Up To You Girl**

Waken up to you girl
Ya waken up to you
This is my world honey
You're in this for my new world
            Chorus

            Verse one:
I want you baby
I know I'm crazy
Your girl said I'm crazy
Hear me on the phone
But I'm never lazy honey
You can wake me up
You know you're my lady
You're the one I trust
It's for you I trust
Waken up to you girl
Ya waken up to you
This is my world honey
You're in this for my new world
When I'm in too deep
When you're runnen in my sleep
Ya feelen it when loneliness creeps
I'll be there when you awaken
Your heart keeps pagen me

Waken up to you girl
Ya waken up to you
This is my world honey
You're in this for my new world
            Chorus

Verse two:
You want me baby
You know I'm crazy
Your girl said I'm crazy
Hear me on the phone
But I'm never lazy honey
Won't you wake me up
You know you're my lady
You're the one I trust
It's for me you trust
Waken up to you girl
Ya waken up to you
This is your world honey
You're in this for my new world
When you're in too deep
When I'm running in your sleep
Ya feelen it when loneliness creeps
I'll be there when you awaken
Your heart keeps on pagen me

....End song

By: Russell A. Clemo
Song titled: **Thinking You're Inside Of That Phone**

Thinking You're Inside Of That Phone
So I never feel alone
I'm so far from you
How could you ever feel alone
        Chorus

        Verse one:
I never fall asleep now
I never sleep alone
I'm so far from you
Ya I'm in a different zone
Someone is calling me
its on a different phone
For some reason I can't explain
All my love and all my pain
I'm waiting for the hunger again
Now you're waiten for me again
You knew that I'd need you
Ya you're that trusted friend
I can't keep calling on you
Ya so I'm talking to my pillow
I feel the sleep coming now
I never sleep alone
Ya I'm still talking to you baby
Thinking you're inside of that phone

Thinking you're inside of that phone
So I never feel alone
I'm so far from you
How could you ever feel alone
        Chorus

Verse two:
You never fall asleep now
You never sleep alone
I'm so far from you
Ya you're in a different zone
Someone is calling you
Its on a different phone
For some reason you can't explain
All your love and all your pain
You're waiting for the hunger again
Now you're waiten for me again
You knew that I'd need you
Ya I'm that trusted friend
I can't keep calling on you
Ya so you're talking to your pillow
You feel the sleep coming now
You never sleep alone
But I'm still talking to you baby
Thinking you're inside of that phone

....End song

By: Russell A. Clemo
Song titled: **Ya You Can't Worry Baby**

Ya you can't worry baby
Just be on time
You know we can't worry honey
With everything on time
    Chorus

    Verse one:
You have to tell me
Was it always on your mind
When it was never on mine
Ya never on my mind
When I was so carefree
Not looken at the rewind
Ya nothing for me to see
Not when my mind is talking baby
Now my mind is talking for you
Ya it's talking for you and me
We're not looken at the time
You're not looken at the rewind
We both have somewhere to be
You can see it in your find
Now your mind is talking to me
Baby you don't have to let go
Don't have to let go to see
While your dreams they will write on me

Ya you can't worry baby
Just be on time
You know we can't worry honey
With everything on time
    Chorus

Verse two:
You have to tell me
Was it always on your mind
Let your dreams do the talking
Your dreams that I can find
Inside they're talking to me
When I am so carefree
Not looken at the rewind
Ya nothing for us to see
Ya baby not when your mind is talking
Now your mind is doing the talking honey
Ya it's talking for you and me
You're not looken at the time
Not looken at the rewind baby
We both have somewhere to be
The world can see it in their minds
Now your world is talking to me
Honey you don't have to let go
While your dreams they will write on me

Ya you can't worry baby
Just be on time
You know we can't worry honey
With everything on time
            Chorus

        ....End song

By: Russell A. Clemo
Song titled: **I Don't Know What I'd Do**

I don't know what I'd do
If I was without you
I can't be without you honey
I don't know what I'd do
            Chorus

            Verse one:
I want you now
Even if you never changed
What if it never got strange
Into the light into the strange
Ya it's like we never left
Watching the world wake up
Ya now your feeling blessed
We can all wake up
We're all ready for what's next
Everything that is under the sun
We'll all keep pulling in closer
We'll pull in closer as one
I don't know what I'd do
If I was without you
I can't be without you honey
I don't know what I'd do
Clever girl I want your lips
Clever girl I need your kiss
Everyone needs new moments like this
Ya I want you now
Even if you never changed
What if it never got strange
Into the light into the strange
Ya it's like we never left

I don't know what I'd do
If I was without you
I can't be without you honey
I don't know what I'd do
        Chorus

        Verse two:
You want me now
Even if I never changed
What if it never got strange
Into the light into the strange
Ya it's like we never left
Watching the world wake up
Ya now I'm feeling blessed
We can all wake up
We're all ready for what's next
Everything that is under the sun
We'll keep pulling in closer
We'll pull in closer as one
I don't know what I'd do
If I was without you
I can't be without you honey
I don't know what I'd do
Clever girl you want my lips
Clever girl you need my kiss
Everyone needs new moments like this
Ya you want me now
Even if I never changed
What if it never got strange
Into the light into the strange
Ya it's like we never left

        ....End song

By: Russell A. Clemo
Song titled: **Let The Magic Happen Baby**

Let The Magic Happen Baby
Let the love in now
Let your magic happen honey
Ya get the love in somehow
          Chorus

      Verse one:
Sunshine comen through a window
When all you smell is the rain
Let the love in now baby
When all you feel is the pain
Sometimes the chemistry is crazy
Sometimes love is insane
If we can't see validation baby
If we think someone is running game
Sometimes we gotta run it till we're crazy
Ya let the magic happen baby
Let the love in now even if it's crazy
Let your magic happen honey
Ya get the love in somehow
Cold wind blowen through a window
When all you smell is the rain
Let the love in now baby
When all you feel is the pain
Ya get the love in somehow

Let The Magic Happen Baby
Let the love in now
Let your magic happen honey
Ya get the love in somehow
          Chorus

Verse two:
Sunshine comen through a window
When all you smell is the rain
Let the love in now baby
When all you feel is the pain
Sometimes the chemistry is crazy
Sometimes love is insane
If we can't see validation baby
If we think someone is running game
Sometimes we gotta run it till we're crazy
Ya let the magic happen baby
Let the love in now even if it's crazy
Let your magic happen honey
Ya get the love in somehow
Cold wind blowen through a window
When all you smell is the rain
Let the love in now baby
When all you feel is the pain
Ya get the love in somehow

....End song

By: Russell A. Clemo
Song titled: **I'm Not Alright Baby**

I'm not alright baby
Not alright to play
How can I run baby
How can I make it today
        Chorus

        Verse one:
I'm building a wall
Your building a wall
There's a wall around my heart
Everybody wants the same
They want the same thing
What does loneliness bring
Can you still hear a whisper
Can you still hear in a dream
Something is wrong today
I'm not alright baby
Not alright to play
How can I run baby
How can I make it today
Can you break down the wall
No more building that wall
Ya there's a wall around your heart
Everybody wants the same thing
Ya what does loneliness bring

I'm not alright baby
Not alright to play
How can I run baby
How can I make it today
        Chorus

Verse two:
I'm building a wall
Your building a wall
There's a wall around my heart
Everybody wants the same
They want the same thing
What does loneliness bring
Can you still hear a whisper
Can you still hear in a dream
Something is wrong today
I'm not alright baby
Not alright to play
How can I run baby
How can I make it today
Can you break down the wall
No more building that wall
Ya there's a wall around your heart
Everybody wants the same thing
Ya what does loneliness bring

I'm not alright baby
Not alright to play
How can I run baby
How can I make it today
Chorus

....End song

By: Russell A. Clemo
Song titled: **We Are Nothen But Trouble**

We are nothen but trouble
Can we find our feet
I'm in a hurry honey
We better bring the heat
                Chorus

                Verse one:
Two hearts in a supernova
The city is tearen us to pieces
Ya it's tearen me apart
We have no money on our own
But we still have plenty of heart
We can dance like this forever
Honey where do we start
Two hearts beating in our chests
Beating for each other when we're apart
We are nothen but trouble
Can we find our feet
I'm in a hurry honey
We better bring the heat
Baby we can leave town
We'll pack our bags tonight
Ya baby how does that sound
Try to listen tonight
We are nothen but trouble

We are nothen but trouble
Can we find our feet
I'm in a hurry honey
We better bring the heat
                Chorus

Verse two:
Two hearts in a supernova
The city is tearen us to pieces
Ya it's tearen you apart
We have no money on our own
But we still have plenty of heart
We can dance like this forever
Honey were do we start
Two hearts beating in our chests
Beating for each other when we're apart
We are nothen but trouble
Can we find our feet
I'm in a hurry honey
We better bring the heat
Baby we can leave town
We'll pack our bags tonight
Ya baby how does that sound
Try to listen tonight
We are nothen but trouble

....End song

By: Russell A. Clemo
Song titled: **Deep Blue Water In Your Eyes**

Deep blue water in your eyes
Ya the love it's in your eyes
With the laughter and your cries
Our love is on the beach
      Chorus

      Verse one:
The deep blue within
As I look within your eyes
I'm looken into your eyes
So crazy for you baby
Ya so now I'm insane
Let me inside of you again
You drive my body insane
Ya baby let this be true
I'm crazy for you honey
I am over the edge for you
Standing at your oceans edge
Ya let me inside of you
Salt water in your eyes
Let me kiss them for you
I will take your hand darlin
I will lead you true
I'm going deep inside your heart
There's deep blue water in your eyes

Deep blue water in your eyes
Ya the love it's in your eyes
With the laughter and your cries
Our love is on the beach
      Chorus

Verse two:
The deep blue within
As I look within your eyes
I'm looken into your eyes
So crazy for you baby
Ya so now I'm insane
Let me inside of you again
You drive my body insane
Ya baby let this be true
I'm crazy for you honey
I am over the edge for you
Standing at your oceans edge
Ya let me inside of you
Salt water in your eyes
Let me kiss them for you
I will take your hand darlin
I will lead you true
I'm going deep inside your heart
There's deep blue water in your eyes

Deep blue water in your eyes
Ya the love it's in your eyes
With the laughter and your cries
Our love is on the beach
Chorus

....End song

Chapter:

A Great Book Of American Songs (III.)

Russell A. Clemo

INDEX

By: Russell A. Clemo
Song titled: **She Is Really Shinen**

She is really shinen
I want her drink
Need to make her mine
Taste from her cup
Ya I want to sip that wine
            Chorus

        Verse one:
I see her wings in flight
Ya even when her wings are grounded
When she's inside of my thoughts
These feelings compounded
Baby don't let me down
I can hear feelings sounded
When you're down and out
Don't take someone's clout
Give people some light
When it's written in the cloud
When we're out in the night
When you're putten people out
You see my wings baby
Ya even when my wings are grounded
When you're inside of thoughts
These feelings compounded
You've got a beautiful face
I love the way that your lips taste

She is really shinen
I want her drink
Need to make her mine
Taste from her cup
Ya I want to sip that wine
            Chorus

Verse two:
I see your wings in flight
Ya even when your wings are grounded
When you're inside of my thoughts
These feelings compounded
Baby don't let me down
Even when your feelings aren't being sounded
Even when you're down and out
Don't take someone's clout
Give people some light
Make sure it's written in the cloud
When we're out in the night
When you are putting people out
You see other peoples wings baby
Ya even when their wings are grounded
When you're inside of thoughts
These feelings compounded
You've got a beautiful face
I love the way that your lips taste

....End song

By: Russell A. Clemo
Song titled: **Love Always Troubles Me**

Love always troubles me
When love comes to be
So don't let it trouble you
I let it trouble me
            Chorus

            Verse one:
I'm not waiting for me to change
I'm waiting for the passing
Something true and something strange
I need something that's everlasting
When love it comes to be
I let it come to be
There's a light for me to see
Ya there's a light for you to see
Love always troubles me
Then come Spirits and some Meads
A glass to look through
There's a love for you and me
Hops and some Barley
Spirits and some Meads
A glass to look through
Ya our love will come to be
Come to have a drink honey
A good heart thinks inside of me

Love always troubles me
When love comes to be
So don't let it trouble you
I let it trouble me
            Chorus

Verse two:
You're not waiting for me to change
You're waiting for the passing
Something true and something strange
I need something that's everlasting
When love it comes to be
I let it come to be
There's a light for you to see
Ya there's a light for me to see
Love always troubles me
Then come Spirits and some Meads
A glass to look through
There's a love for you and me
Hops and some Barley
Spirits and some Meads
A glass to look through
Ya our love will come to be
Come to have a drink honey
A good heart thinks inside of me

....End song

By: Russell A. Clemo
Song titled: **Touch Me Twice And You'll Know**

Touch me twice and you'll know
Ya you'll know it's true
My crazy electric baby
That's your electric too
      Chorus

      Verse one:
You can't leave me now
How I depend on you
What am I gonna do
I need you twice
Don't know what I'd do
I better get away
I can't get away baby
Isn't it so funny
How I need you
Touch me twice
You'll know its true
Feeling my electric
You're electric too
So crazy for you baby
Ya so crazy now
What's between me and you
We can do this forever baby
Touch me twice and you'll know

Touch me twice and you'll know
Ya you'll know it's true
My crazy electric baby
That's your electric too
      Chorus

Verse two:
I can't leave you now
How you depend on me
What are you gonna do
I need you twice
Don't know what I'd do
I better get away
You can't get away baby
isn't it so funny
You need me now
Touch me twice
You'll know its true
Feeling my electric
You're electric too
So crazy for you baby
Ya so crazy now
What's between me and you
We can do this forever baby
Touch me twice and you'll know

....End song

By: Russell A. Clemo
Song titled: **Smokey Burnouts Leaven A Driveway**

Smokey burnouts leaven a driveway
Ya when I'm leaven my favorite bar
I'm jumpen back on the highway
Goen for a drive in my car
                Chorus

        Verse one:
I got my windows down baby
On a two lane highway
I'm passing every car
Ain't even looken in my rearview
Nobody wants to race with a country star
My foots layen into the gasoline
Feelen good when I'm taken it too far
Your riden with me in this car
Ya your with me I'm wherever you are
Riden with me I'm your favorite star
Maken smokey tire burnouts baby
Hear these tires chirp leaven the bar
Burnen smokey tires through 3 gears
You and me riden in my favorite car
Ya you have my heart goen crazy
In the middle of the night driven around
Just hold on to me little baby

Smokey burnouts leaven a driveway
Ya when I'm leaven my favorite bar
I'm jumpen back on the highway
Goen for a drive in my car
                Chorus

Verse two:
You got your windows down baby
On a two lane highway
You're passing every car
Ain't even looken in your rearview
Nobody wants to race with a country star
Your foots layen into the gasoline
Feelen good when I'm taken it to far
I'm riden with you in this car
Ya your with me I'm wherever you are
Riden with me I'm your favorite star
Maken smokey tire burnouts baby
Hear these tires chirp leaven the bar
Burnen smokey tires through 3 gears
You and me riden in my favorite car
Ya you have my heart goen crazy
In the middle of the night driven around
Just hold on to me little baby

Smokey burnouts leaven a driveway
Ya when I'm leaven my favorite bar
I'm jumpen back on the highway
Goen for a drive in my car
          Chorus

        ....End song

By: Russell A. Clemo
Song titled: **There At The Sacred Heart**

There at the sacred heart
While inside of my sacred heart
We were there with you in trouble
We were there from the start
      Chorus

      Verse one:
Holden your hand when you're in trouble
Holden you through hard times
When you pulled through heart surgery
Ya momma cried a million times
She said I love you sister
Please just live for me
You're six hours on the table
Six hours in that surgery
Doctors work your magic
Doctors bring her back to me
I don't do a whole lot of prayen
But it was the only way I could see
I closed my eyes and I prayed once
Lord bring her back to me
I prayed so momma ain't gotta cry
Her little boy don't wanna see
It'll be alright momma
You just wait and see

There at the sacred heart
While inside of my sacred heart
We were there with you in trouble
We were there from the start
      Chorus

Verse two:
There's family when you're in trouble
Holden you through hard times
Momma did a whole lot of prayen
Ya she cried a million times
That's when you came back to us
Not just in our hearts and minds
Momma got to hug you again
Ya I don't know how many times
We're with you through recovery
Now we have you back again
There at the sacred heart
While inside of my sacred heart
We were there with you in trouble
We were there from the start
There at the sacred heart
While inside of my sacred heart
We were there with you in trouble
We were there from the start

....End song

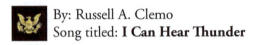 By: Russell A. Clemo
Song titled: **I Can Hear Thunder**

I can hear thunder
There is warm summer rain
Feel it kiss my lips
I can feel for pain
      Chorus

      Verse one:
All your days and nights
What you mean to me
If you die tonight
I won't wake you
You can dream now
More than a dream
If you are waking
What does it mean
You will wake me
I can hear thunder
There is warm summer rain
Feel it kiss my lips
I can feel for pain
Let me feel your kiss
The smell of rain
Ya there's nothing realer darlin
I can feel the thunder from your kiss
For all your days and nights

I can hear thunder
There is warm summer rain
Feel it kiss my lips
I can feel for pain
      Chorus

Verse two:
All my days and nights
What you mean to me
If I die tonight
Don't wake me
I can dream now
More than a dream
If I am waking
What does it mean
You will wake me
I can hear thunder
There is warm summer rain
Feel it kiss my lips
I can feel for pain
Let me feel your kiss
The smell of rain
Ya there's nothing realer darlin
I can feel the thunder from your kiss
For all your days and nights

....End song

By: Russell A. Clemo
Song titled: **If I Had A Heart That's Lonely**

If I had a heart that's lonely
Made for being broken
A heart that's made for leaven
This house was made for two
   Chorus

   Verse one:
I couldn't see a house that was burnen
These feelings they still burn
Now I can't feel the world outside
While this world it still turns
My last feelings I done cried
And the devils taken turns
With a woman that will never change
And the bridges she still burns
If I had a heart that's lonely
Made for being broken
A heart that's made for leaven
But this house was made for two
I couldn't see a house that was burnen
These feelings they still burn
Now I can't feel the world outside
While this world it still turns
My last feelings I done cried
And the devils taken turns

If I had a heart that's lonely
Made for being broken
A heart that's made for leaven
This house was made for two
   Chorus

Verse two:
I couldn't see a house that was burnen
These feelings they still burn
Now I can't feel the world outside
While this world it still turns
My last feelings I done cried
And the devils taken turns
With a woman that will never change
And the bridges she still burns
If I had a heart that's lonely
Made for being broken
A heart that's made for leaven
But this house was made for two
I couldn't see a house that was burnen
These feelings they still burn
Now I can't feel the world outside
While this world it still turns
My last feelings I done cried
And the devils taken turns

....End song

By: Russell A. Clemo
Song titled: **The Color Of Your Eyes**

The color of your eyes
The emotion in your eyes
It's your heart honey
You're my treasured prize
        Chorus

        Verse one:
I'm your liven proof
When we come together
It's like waking from a dream
I wake from a dream
Cats on the tin roof
I can turn to you
I'm still on the roof
I can help you
I'm in your dreams
I'm tryen to wake up
Let's wake up for this
Baby when I'm feelen low
When you're feeling so high like this
It will be enough for us
If together we try
We can't be swept away
Even if we change our way
You're my treasured prize

The color of your eyes
The emotion in your eyes
It's your heart honey
You're my treasured prize
        Chorus

Verse two:
Your my liven proof
When we come together
It's like waking from a dream
You wake from a dream
Cats on the tin roof
You can turn to me
You're still on the roof
I can help you
You're in my dreams
I'm tryen to wake up
Let's wake up for this
Baby when you're feeling low
When I'm feeling so high like this
It will be enough for us
If together we try
We can't be swept away
Even if we change our way
You're my treasured prize

....End song

By: Russell A. Clemo
Song titled: **Thinking Of You With Love In My Heart**

Thinking of you with love in my heart
I need to feel again honey-baby
You're bringing back those feelings I need
Bring it back into my heart and seed
      Chorus

      Verse one:
You let my heart feel for you
When my mind then unwinds
You think back on yesterday
Think back on the good times
Do you think of me baby
Come on let me read the signs
Tell me some of those stories
Ya tell it to me true
You want me tenderly baby
You want me till youre feelen blue
Bring back feelings I need
Bring back feelings just for you
Feelings you need to feel again honey
That's how I know I'm needen you
Try to find you in a bottle sometimes
I have to tell you that is true
Drinken on some Tennessee whiskey
Feeling you with love in my heart

Thinking of you with love in my heart
I need to feel again honey-baby
You're bringing back those feelings I need
Bring it back into my heart and seed
      Chorus

Verse two:
I let my heart feel for you
When my mind then unwinds
I think back on yesterday
Think back on the good times
Do you think of me baby
Come on let me read the signs
Tell me some of those stories
Ya tell it to me true
I want you tenderly baby
I want you till I'm feelen blue
Bring back feelings I need
Bringen back feelings just for you
Feelings I need to feel again honey
That's how I know I'm needen you
Try to find you in a bottle sometimes
I have to tell you that is true
Drinken on some Tennessee whiskey
Feelen you with love in my heart

Thinking of you with love in my heart
I need to feel again honey-baby
You're bringing back those feelings I need
Bring it back into my heart and seed
            Chorus

        ....End song

By: Russell A. Clemo
Song titled: **You Tryed To Buy The World**

You tryed to buy the world
But you can't sell me
If your tryen to buy it back
Then how can you be free
        Chorus

        Verse one:
What are you tryen to prove
Why do you need to use me
What about all the weapons
Everything liven in poverty
When you push it all around
And you let me see
How do I feel about that
How can you be free
Ya while your liven locked down
You tryed to buy the world
But you can't sell me
If your tryen to buy it back
Then how can you be free
You try to make this my cause
But baby I can see
I'm not tryen to buy anything back
I'm just tryen to be free
You tryed to buy the world

You tryed to buy the world
But you can't sell me
If your tryen to buy it back
Then how can you be free
        Chorus

Verse two:
What am I tryen to prove
Why do you need to use me
You control all of the weapons
Everything liven in poverty
I watch you push it all around
Ya you let me see
How do you feel about that
How can I be free
Ya while I'm liven locked down
You tryen to buy the world
But you can't sell me
If your tryen to buy it back
Then how can you be free
You try to make this our cause
But baby I can see
I'm not tryen to buy anything back
I'm just tryen to be free
You tryed to buy the world

....End song

CHAPTER:

A Great Book Of American Songs (IV.)

Russell A. Clemo

INDEX

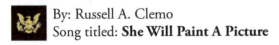
By: Russell A. Clemo
Song titled: **She Will Paint A Picture**

She will paint a picture
Ya then she will be free
Alone inside of her moon
Then she'll come back to me
          Chorus

          Verse one:
Her soul can't take a vacation
So she's not comen back to me
She has never left
While she isn't looken for me
Looking for herself out there
Come back to set me free
Her lips kiss that star
The wind sweeps her off her feet
Everyone searchen for yourself out there
She will paint a picture
Ya then she will be free
Alone inside of her moon
Then she'll come back to me
Baby don't turn your back on me
We can make a love like this
In a hot summers light
You can be that girl in a kiss
Baby come on and paint a picture

She will paint a picture
Ya then she will be free
Alone inside of her moon
Then she'll come back to me
          Chorus

Verse two:
My soul can't take a vacation
So she's not comen back to me
She has never left
Baby come looken for me
Look for yourself honey
Come back and we'll be free
She tells me kiss that star
The wind will sweep us off our feet
Everyone searchen for yourself out there
She will paint a picture
Ya then she will be free
Alone inside of her moon
Then she'll come back to me
Baby don't turn your back on me
We can make a love like this
In your hot summers light
You can be that girl taste my lips
Baby come on and paint a picture

She will paint a picture
Ya then she will be free
Alone inside of her moon
Then she'll come back to me
Chorus

....End song

By: Russell A. Clemo
Song titled: **I Will Still Hold You Down**

I will still hold you down
Yes I will hold you down
Live inside of some glasses
I'll drink some wine with you
       Chorus

       Verse one:
Liven underneath my house
If I watched the world die
Liven like the mouse
I can't be your good time
I can't be the perfect time
Ya I want some sunshine
Ya have a good time
No more tryen to read the sign
No more tryen to write the time
Honey I can't be broken
If I can create two shades
Then I can be true
When I'm not feelen baby
I'm not feelen you
Live inside of a broken heart
Live the life of a chosen few
If I watched the world die
If I watched it with you

I will still hold you down
Yes I will hold you down
Live inside of some glasses
I'll drink some wine with you
       Chorus

Verse two:
Liven underneath my house
If I watched the world die
Liven like the mouse
If I can't heal
Taken time for me
Half the man when I can't see
Everybody that's missen me honey
Everybody that's missen me
I'm passivism for you
Other people I listen to
If I can create two shades
Then I can be true
When I'm not feelen baby
I'm not feelen you
I never had control
I'm ready to let go
If I watched the world die
If I watched it with you

....End song

By: Russell A. Clemo
Song titled: **Tell Me You Want To Rule The World**

Tell me you want to rule the world
You give me those ambitions baby
That's how you want to rule the world
Ya show me my ambitions baby
        Chorus

        Verse one:
What's comen over me honey
It's comen over you
Don't lose focus baby
I see for you
I won't lose focus baby
You tell me I'm true
Feel your hands in mine
I'm your breath in time
When it's rainen baby
I'll be your sunshine
You'll be my emotion
I'll be something physical
You'll be my devotion
Ya you're watchen my TV
Ya listen to my Radio
I keep playen music
You tell me which way to go
Ya show me my ambitions

Tell me you want to rule the world
You give me those ambitions baby
That's how you want to rule the world
Ya show me my ambitions baby
        Chorus

Verse two:
What's comen over me honey
It's comen over you
Don't lose focus baby
I see for you
I won't lose focus baby
You tell me I'm true
Feel your hands in mine
I'm your breath in time
When it's rainen baby
I'll be your sunshine
You'll be my emotion
I'll be something physical
You'll be my devotion
Ya you're watchen my TV
Ya listen to my Radio
I keep playen music
You tell me which way to go
Ya show me my ambitions

Tell me you want to rule the world
You give me those ambitions baby
That's how you want to rule the world
Ya show me my ambitions baby
        Chorus

        ….End song

By: Russell A. Clemo
Song titled: **I Want To Remember Those Times**

I want to remember those times
That's what I'm sayen to you
Let's make it special baby
With memories old and new
      Chorus

      Verse one:
I can tell you when
The first look
I do remember when
A woman looked at me so true
Draw in those lines for me
What did he say to you
Baby remember those times
You're a special girl it's true
I want to remember those times
That's what I want with you
Honey I'll make it special
With memories old and new
We'll build on moments
Each moment is brand new
We will laugh and we will dance
I'll make love to you
Life is about the moments
Baby I want to be with you

I want to remember those times
That's what I'm sayen to you
Let's make it special baby
With memories old and new
      Chorus

Verse two:
Can you tell me when
The first look
Do you remember when
The first time a man looked at you
Draw in those lines for me
What did he say to you
Baby remember those times
You're a special girl it's true
I want to remember those times
That's what I'm sayen to you
Honey I'll make it special
With memories old and new
We'll build on moments
Each moment is brand new
We will laugh and we will dance
I'll make love to you
Life is about the moments
Baby I want to be with you

I want to remember those times
That's what I'm sayen to you
Let's make it special baby
With memories old and new
          Chorus

          ....End song

By: Russell A. Clemo
Song titled: **A Letter From The Stars**

A letter from the stars
People in passing cars
What directs them all
Can you hear it call
          Chorus

          Verse one:
Written on a young breeze
Can you feel it now
Written for the ages
I can see it now
It won't cure a disease
But it can help us now
Won't you tell me please
So that we can work it out
Written on a young breeze
Through seasons I can feel
You can't fear it now
It won't cure a disease
But it can help us now
So that we can work it out
Ya cycle with the change
Something beautiful and strange
I can feel it beautiful and strange
A letter from the stars

A letter from the stars
People in passing cars
What directs them all
Can you hear it call
          Chorus

Verse two:
Written on a young breeze
Can you feel it now
Written for the ages
I can see it now
It won't cure a disease
But it can help us now
Won't you tell me please
So that we can work it out
Written on a young breeze
Through seasons I can feel
You can't fear it now
It won't cure a disease
But it can help us now
So that we can work it out
Ya cycle with the change
Something beautiful and strange
I can feel it beautiful and strange
A letter from the stars

A letter from the stars
People in passing cars
What directs them all
Can you hear it call
        Chorus

        ....End song

By: Russell A. Clemo
Song titled: **A House Full Of Little Boys**

A house full of little boys
Then comes a sweet little girl
How does that change a woman
Ya how different is her world
          Chorus

          Verse one:
Momma makes a new place
One for her little girl
Ya you're buying pink linens
You're buyen ribbons and bows
Do you know everything about a woman
Ya girl who really knows
But one thing is for sure
Life is becoming pretty sweet
I'll watch you both paint your nails
Ya I'll watch you paint your feet
A house full of little boys
Then comes a sweet little girl
How does that change a woman
Ya how different is her world
You can teach her to be stronger
Do anything a man can
Ya you can show her how momma
She'll be able fast as she can

A house full of little boys
Then comes a sweet little girl
How does that change a woman
Ya how different is her world
          Chorus

Verse two:
Daddy makes a new place
One for his little girl
Now he's buyen pink linens
Buyen ribbons and some pearls
What man knows about a woman
Ya man who really knows
But momma one thing is for sure
Life is becoming pretty sweet
I'll watch you paint your nails
Ya I'll watch you paint your feet
A house full of little boys
Then comes a sweet little girl
How does that change a woman
Ya how different is her world
Momma can teach her to be stronger
Do anything a man can
Ya show her how momma
Ya fast as she can

....End song

By: Russell A. Clemo
Song titled: **Everybody Giving Testimonials**

Everybody giving testimonials
Tell that man what you see
Will the truth become clear
Will the truth set him free
     Chorus

     Verse one:
Please tell him what you see
He's talken to the other side
Please set him free
Testimony written for the other side
Tell me what I can be
Who has to let it ride
In his time of need
If you can't let that go
Everybody giving testimonials
Tell that man what you see
Will the truth become clear
Will the truth set him free
If you're talken at him
How can that man see
If they're talken at him
How can he be free
Everything is still buzzen
Will the truth set him free
Everybody giving testimonials
Tell that man what you see
Will the truth become clear
Will the truth set him free
     Chorus

Verse two:
Please tell him what you see
He's talken to the other side
Please set him free
Testimony written for the other side
Tell me what I can be
Who has to let it ride
In his time of need
If you can't let that go
Everybody giving testimonials
Tell that man what you see
Will the truth become clear
Will the truth set him free
If you're talken at him
How can that man see
If they're talken at him
How can he be free
Everything is still buzzen
Will the truth set him free

....End song

By: Russell A. Clemo
Song titled: **Don't Try To Tame The Painted Horse**

Don't try to tame the painted horse
Mustangs are wild and free
That's the American breed honey
Let them run wild and free
        Chorus

        Verse one:
What lives wild within your heart
Maybe you can see
Don't tame those wild things
Live to feel wild and free
You're a beautiful painted horse
Won't you run with me
I won't tame the painted horse
Inside we're born free
There's a wild place everybody knows
That is the Big Sky Country
A wild place everybody goes
Between Yellowstone and Miles City
If you're a freedom fighter
Baby please fight for me
One heart in your chest
With feet on the ground now carry me
Tell me you're a painted horse
Ya tell me that you remain so free

Don't try to tame the painted horse
Mustangs are wild and free
That's the American breed honey
Let them run wild and free
        Chorus

Verse two:
What lives within my heart
Maybe I can see
I don't tame those wild things
I live to feel wild and free
You're a beautiful painted horse
Won't you run with me
I won't tame the painted horse
Inside we're born free
There's a wild place America knows
It's deep within Big Sky Country
A wild place everybody goes
Between Yellowstone and Miles City
If you're a freedom fighter
Baby please fight for me
One heart in your chest
With feet on the ground now carry me
Tell me you're a painted horse
Ya tell me that you remain so free

Don't try to tame the painted horse
Mustangs are wild and free
That's the American breed honey
Let them run wild and free
Chorus

....End song

By: Russell A. Clemo
Song titled: **Tell Me What's Left Baby**

Tell me what's left baby
Walken all over the next person
While I'm taking all the blame
When I'm walking in your foot steps
How am I left to blame
      Chorus

      Verse one:
While you walken all over her
And you're walken all over him
You don't have to stop now
Ya stop to look around
While everyone is looken at me
When I'm walken in your foot steps
Ya we make our history
While I'm taking all the blame
Tell me what's left baby
How am I left to blame
You're walken all over the next person
While I'm taking all the blame
When I'm walking in your foot steps
How am I left to blame
If you're putting words in his mouth
She's mad at the wind on the flame
Why are they looken at me
How am I left to blame

Tell me what's left baby
Walken all over the next person
While I'm taking all the blame
When I'm walking in your foot steps
How am I left to blame
      Chorus

Verse two:
While you walken all over her
And you're walken all over him
You don't have to stop now
Ya stop to look around
While everyone is looken at me
When I'm walken in your foot steps
Ya we make our history
While I'm taking all the blame
Tell me what's left baby
How am I left to blame
You're walken all over the next person
While I'm taking all the blame
When I'm walking in your foot steps
How am I left to blame
If you're putting words in his mouth
She's mad at the wind on the flame
Why are they looken at me
How am I left to blame

....End song

 By: Russell A. Clemo
Song titled: **Let Your Love Evolve With Me**

Let your love evolve with me
We are ever changing you can see
It's forever you and me
While seasons they will change
      Chorus

      Verse one:
You are my love
So wonderful cyntrifical
You're lacsadaisical and you're whimsical
Even when you're in your head
Honey baby I am your love
I am the steady to your cyntrifical
The deliberate to your whimsical
Even when we're both in our heads
Let your love evolve with me
We are ever changing you can see
It's forever you and me
While seasons they will change
All things will come to be
Even when I'm in my head
I guess that's why they call it love
It's you and me honey baby
It's something from up above
Let your love evolve with me

Let your love evolve with me
We are ever changing you can see
It's forever you and me
While seasons they will change
      Chorus

Verse two:
I am your love
So wonderful cyntrifical
I'm lacsadaisical and whimsical
Even when I'm in my head
Honey baby you are my love
You are the steady to my cyntrifical
The deliberate to my whimsical
Even when we're both in our heads
Let your love evolve with me
We are ever changing you can see
It's forever you and me
While seasons they will change
All things will come to be
Even when I'm in my head
I guess that's why they call it love
It's you and me honey baby
It's something from up above
Let your love evolve with me

....End song

CHAPTER:

A Great Book Of American Songs (V.)

Russell A. Clemo

INDEX

By: Russell A. Clemo
Song titled: **I Still See Your Power**

I still see your power
Surrounded by my tragedy
How can I be majestic
I can see majesty
      Chorus

      Verse one:
Standing in the water
The rain washen down on me
Baby you give me water
When that light brings me tragedy
When the sun is gone
Then fades the day
If my memory is gone
That couldn't take me away
I still see your power
Surrounded by my tragedy
How can I be majestic
I can see majesty
My heart is tragic
While you live inside of me
When the memories fade
It's still just you and me
I'm standing in the water
Rain comen down on me

I still see your power
Surrounded by my tragedy
How can I be majestic
I can see majesty
      Chorus

Verse two:
Standing in the water
Darlin then comes the flood
I can barely stand
Then comes the mud
If I'm sinken now
Darlin please take me fast
Honey what has me now
All my memories come to pass
I still see your power
Surrounded by my tragedy
How can I be majestic
I can see majesty
Your heart is tragic
While you still live inside of me
When the memories fade
Baby its still just you and me
I'm standing in the water
Rain comen down on me

....End song

By: Russell A. Clemo
Song titled: **Something About A Wonderful Creature**

Something about a wonderful creature
Out in the wild it's true
Something about its innocence
So innocent and true
      Chorus

      Verse one:
You are a creature
Tell me what do you mean
No innocence of harm honey
For all that was unseen
There is only respite
A requiem for a dream
If there's injury for innocence
Can I be just for you
Can you be a wonderful creature
Honey tell me is that true
What died on a dream
Something is still born
What will you create baby
With a heart that is torn
You can heal in a moment
Your requiem in time
I am vulnerable for you
Tell me you read the signs

Something about a wonderful creature
Out in the wild its true
Something about its innocence
So innocent and true
      Chorus

Verse two:
I am a creature
Tell me what can this mean
No innocence of harm honey
For all that was unseen
There is only respite
A requiem for a dream
If there's injury for innocence
Can I be just for you
Can I be a wonderful creature
Honey tell me is that true
What died on a dream
Something is still born
What will I create baby
With a heart that is torn
I can heal in a moment
My requiem in time
I am vulnerable for you
Tell me you read the signs

....End song

By: Russell A. Clemo
Song titled: **Best Plans Made**

Best plans made
Best plans made with you
While I'm standen here
I will fade with you
                    Chorus

            Verse one:
Little Darlin what lives on
History will be told
Ya who won the war
Who was out in the cold
When it's dark as night
Good memories getten old
When the memories fade
Like Rose petals they are shed
What will be remembered Darlin
The best plans made
Best plans made with you
While I'm standen here
I will fade with you
Just place my heart with yours
I will tell it to you true
For our love that is reborn
Honey while I'm standen here
My best plans are made with you

Best plans made
Best plans made with you
While I'm standen here
I will fade with you
                    Chorus

Verse two:
Little Darlin what lives on
History will be told
Ya who won the war
Who was out in the cold
When it's dark as night
Good memories getten old
When the memories fade
Like Rose petals they are shed
What will be remembered Darlin
The best plans made
Best plans made with you
While I'm standen here
I will fade with you
Just place my heart with yours
I will tell it to you true
For our love that is reborn
Honey while I'm standen here
My best plans are made with you

....End song

By: Russell A. Clemo
Song titled: **Is It Inside Of That Flame**

Is it inside of that flame
Honey we're all made the same
Can you see me standen here
Write it with my name
        Chorus

        Verse one:
Tell me that you're sellen love
Tell me that ain't no lie
If we can both see through it Darlin
Then honey let's look through that light
Ya when you're sellen love
Where is the con mans game
Tell me no one stole your heart
Nobody is left to blame
Is it inside of that flame
All us are runnen here
I write it with my name
I don't need your money Darlin
No sweetie that's not my game
With all that music on my back
Ya nothings ever written the same
Please tell me that you're sellen love
Because Darlin if that's true
Where is the con mans game

Is it inside of that flame
Honey we're all made the same
Can you see me standen here
Write it with my name
        Chorus

Verse two:
Tell me that you're sellen love
Tell me that ain't no lie
If we can both see through it Darlin
Then honey let's look through that light
Ya when you're sellen love
Where is the con mans game
Tell me no one stole your heart
Nobody is left to blame
Is it inside of that flame
All of us are runnen here
I write it with my name
I don't need your money Darlin
No sweetie that's not my game
With all that music on my back
Ya nothings ever written the same
Please tell me that you're sellen love
Because Darlin if that's true
Where is the con mans game

….End song

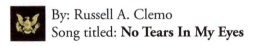 By: Russell A. Clemo
Song titled: **No Tears In My Eyes**

No tears in my eyes
No sad goodbyes
It's me and you honey
You are my prize
   Chorus

   Verse one:
No tears for you
Only sunshine baby
You're what I do
I make this life for you
Let me use my hands
It is my love for you
We're one heart dancen on the sands
Let me grab your hips
Your sex on the beach
You can use your hands
Just a touch from
Just a touch from you
Won't you sex me
I know you sexy you
Sexy text me too
I won't forget you baby
I can't forget you
No tears honey

No tears in my eyes
No sad goodbyes
It's me and you honey
You are my prize
   Chorus

Verse two:
No tears for you
You wanted emotion
With no drama
You know I'm true
It's only love for you
Only open arms honey
I didn't have to ask you
I won't leave you baby
I'm always comen back to you
Just a touch from you
Just a touch from
Just a touch from you
won't you sex me
I know you sexy you
Sexy text me too
I won't forget you baby
I cant forget you
No tears honey

No tears in my eyes
No sad goodbyes
It's me and you honey
You are my prize
Chorus

....End song

By: Russell A. Clemo
Song titled: **I Didn't Want To**

I didn't want to
But I broke your heart
I know I hurt you honey
It tore you apart
        Chorus

        Verse one:
I can feel your spirit
Inside me it's true
Ya it's killen me baby
When all I can see is you
Honey I knew back then
As soon as I walked away
I knew that I'd want you
Now baby please don't turn away
I want you back baby
I didn't want to
But I broke your heart
I know I hurt you
It tore you apart
I couldn't give you a life like that
You paint a perfect picture
You paint a perfect heart like that
Ya I can see you in a light
Baby inside of me it's like that

I didn't want to
But I broke your heart
I know I hurt you honey
It tore you apart
        Chorus

Verse two:
You can feel my spirit
Inside you my spirits true
I want to take you back
But the struggle would kill you
Before I couldn't paint your heart
Now when I close my eyes I'm blue
When it wasn't the perfect cloud
Now all I want is you
I want you back baby
I didn't want to
But I broke your heart
I know I hurt you
It tore you apart
I couldn't give you a life like that
You paint a perfect picture
You paint a perfect heart like that
Ya I can see you in a light
Baby inside of me it's like that

....End song

By: Russell A. Clemo
Song titled: **Your Words Are Tall**

Your words are tall
And so is the truth
If I'm liven for you
Then where is my proof
        Chorus

        Verse one:
When you look at me honey
When I listen to you
You talk to me
You tell me what to do
You're the heart of hearts
My hearts for you
You ask me and I'll tell you
You're the queen of hearts
Your words are tall
And so is the truth
If I'm liven for you
Then where is my proof
I'm looken to the stars
Feeling all of my scars inside
What is different baby
When we're all trying to bide
We're stranded here in time
While you're the queen of hearts

Your words are tall
An so is the truth
If I'm liven for you
Then where is my proof
        Chorus

Verse two:
I can hear you now
You can listen
I can talk to you
I try to envision
Promise me the world
But will they listen
If I give to you honey
You're the queen of hearts
Your words are tall
And so is the truth
I'm liven for you
Then where is my proof
You're living with the stars
Feeling all of my scars inside
What is different baby
When we're all trying to bide
We're stranded here in time
While you're the queen of hearts

....End song

By: Russell A. Clemo
Song titled: **I Can Change Your Mind**

I can change your mind
Please don't worry baby
I can see inside your mind
Please don't worry me
      Chorus

      Verse one:
I can hear things
And I can't change things
My heart gets sick honey
That's what loneliness brings
What is hurting me baby
It isn't hurting you too
If I wasn't breathing
If I was breathing for you
I can change your mind
Please don't worry me
Let you taste my lips
I'll give you words honey bee
Let me fly with you
I'm more than words
Every taste from your lips
Fingers running towards your hips
Lightly tracing across your lips
I can change your mind

I can change your mind
Please don't worry baby
I can see inside your mind
Please don't worry me
      Chorus

Verse two:
You can hear things
And you can change things
Don't let my heart get sick
That's what loneliness brings
Love when you hurt me baby
It isn't hurting you too
I think I stopped breathing
If I was breathing for you
I can change your mind
Please don't worry me
Let you taste my lips
I'll give you words honey bee
Who can fly with you
I'm more than words
Every taste from your lips
Fingers running towards your hips
Lightly tracing across your lips
I can change your mind

....End song

By: Russell A. Clemo
Song titled: **Dreamy Dreamers Now Baby**

Dreamy dreamers now baby
How do we do it now
Come on and take my hand
You can show me how
            Chorus

            Verse one:
Sing to the moon
Smile at the stars
Their smiling at me
Where is Mars
Colonise the skies
Make dreams come true
Let me paint a picture
One with me and you
Dreamy dreamers now baby
How do we do it now
Come on and take my hand
You can show me how
I'll go away with you
Just show me how
I'll fly away with you
You can take me now
Come on pretty baby
Give me some butterflies
Fly with me baby
Take to the skies
Your imagination is crazy
It's no ones surprise
How far can it take me
Baby there's no goodbyes

Dreamy dreamers now baby
How do we do it now
Come on and take my hand
You can show me how
                Chorus

                Verse two:
Sing to the moon
Smile at the stars
Their smiling at me
Where is Mars
Colonise the skies
Make dreams come true
Let me paint a picture
One with me and you
Dreamy dreamers now baby
How do we do it now
Come on and take my hand
You can show me how
I'll go away with you
Just show me how
I'll fly away with you
You can take me now
Come on pretty baby
Give me some butterflies
Fly with me baby
Take to the skies
Your imagination is crazy
It's no ones surprise
How far can it take me
Baby there's no goodbyes

                ....End song

By: Russell A. Clemo
Song titled: **Take Me To The River**

Take me to the river
Ya honey, it's on
It is the perfect
Ya it's the perfect love song
Uh-huh, Uh-huh
                    Chorus

                    Verse one:
Roll the windows down
Honey let your hair blow
Ya listen to the radio
Put the top down
Ya baby, oh no
Throw my hands up
Let's see how fast
How fast that we can go
Take me the river
Ya you better not drive slow
Ya baby, oh no
Take me to the river
I promise to tell you
Ya baby, let's go
The smell of sunscreen
You with your sunglasses on
Show me how far that we can go
Take me to the river

Take me to the river
Ya honey, it's on
It is the perfect
Ya it's the perfect love song
Uh-huh, Uh-huh
                    Chorus

Verse two:
Roll the windows down
Honey let your hair blow
Ya listen to the radio
Put the top down
Ya baby, oh no
Throw my hands up
Let's see how fast
How fast that we can go
Take me the river
Ya you better not drive slow
Ya baby, oh no
Take me to the river
I promise to tell you
Ya baby, let's go
The smell of sunscreen
You with your sunglasses on
Show me how far that we can go
Take me to the river

Take me to the river
Ya honey, it's on
It is the perfect
Ya it's the perfect love song
Uh-huh, Uh-huh
        Chorus

        ....End song

Chapter:

A Great Book Of American Songs (VI.)

Russell A. Clemo

INDEX

By: Russell A. Clemo
Song titled: **I'm In Love With your Ghost**

I'm in love with your ghost
Baby.. Baby..
I'm in love with your ghost
Baby.. Baby..
            Chorus

            Verse one:
I love your spirit
When we're maken the most
I want you in eternity
Ya I want your ghost
We'll make love baby
Let love find it's second host
Who's stuck between a maybe
You and me that love made me
Your spirit that makes you honey
I know that you're my lady
Dancen to the sound of your voice
Let it take me baby
You're my love and my enchanter
Honey I let it take me
I'm in love with your ghost
I'll let your spirit take me
I'm in love with your ghost
Baby I'll let it take me

I'm in love with your ghost
Baby.. Baby..
I'm in love with your ghost
Baby.. Baby..
            Chorus

Verse two:
I love your spirit
When we're maken the most
I want you in eternity
Ya I want your ghost
We'll make love baby
Let love find it's second host
Who's stuck between a maybe
You and me that love made me
Your spirit that makes you honey
I know that you're my lady
Dancen to the sound of your voice
Let it take me baby
You're my love and my enchanter
Honey I let it take me
I'm in love with your ghost
I'll let your spirit take me
I'm in love with your ghost
Baby I'll let it take me

I'm in love with your ghost
Baby.. Baby..
I'm in love with your ghost
Baby.. Baby..
Chorus

....End song

By: Russell A. Clemo
Song titled: **You Gave Me The Perfect Heart**

You gave me the perfect heart
The perfect heart in time
Can we make it last forever
Baby it's a ripple in time
          Chorus

          Verse one:
You listen to your heart baby
You listen to my love too
You watch for the signs of love
Baby my heart is with you
You place your hand
You place your hand in mine
You gave me the perfect heart
The perfect heart in time
Can we make it last forever
Baby it's a ripple in time
You want me in eternity
While you know it's hard to find
When your prayen to the heavens
You can see that it's designed
You want my heart in eternity
The perfect heart in mind
We both want this in eternity
So eternity we will find

You gave me the perfect heart
The perfect heart in time
Can we make it last forever
Baby it's a ripple in time
          Chorus

Verse two:
I listen to your heart baby
I listen to your love too
I watch for the signs of love
Baby my heart is with you
I take your hand
I take your hand in mine
You gave me the perfect heart
The perfect heart in time
Can we make it last forever
Baby it's a ripple in time
I want you in eternity
While I know it's hard to find
When I'm prayen to the heavens
I can see that it's designed
I want your heart in eternity
The perfect heart in mind
We both want this in eternity
So eternity we will find

….End song

By: Russell A. Clemo
Song titled: **Remembering Yesterdays Back When Honey**

Remembering yesterdays back when honey
How I loved to run with you
Backwoods let my truck get muddy
Ya honey- you know how we do
            Chorus

        Verse one:
Remember camping out by a fire
Fishen out on a lake
Ya let reminiscen take me higher
Feet hangen off a tailgate
Still putten coffee on for two
Ya honey- I'm still thinken about those days
Rememberen how I fell in love with you
Still campen out by that lake
I'm hopen you'll turn up honey
Let that love twist our fate
Ya I'm builden up the fire
Looken into that flame
My mind it burns brighter
Let the spirits hear my name
After the third night honey
There you were by that fire's flame
Let the spirits hear us now
The spirits take us higher

Remembering yesterdays back when honey
How I loved to run with you
Backwoods let my truck get muddy
Ya honey- you know how we do
            Chorus

Verse two:
Remember camping out by a fire
Fishen out on a lake
Ya let reminiscen take me higher
Feet hangen off a tailgate
Still putten coffee on for two
Ya honey- I'm still thinken about those days
Rememberen how I fell in love with you
Still campen out by that lake
I'm hopen you'll turn up honey
Let that love twist our fate
Ya I'm builden up the fire
Looken into that flame
My mind it burns brighter
Let the spirits hear my name
After the third night honey
There you were by that fire's flame
Let the spirits hear us now
The spirits take us higher

Remembering yesterdays back when honey
How I loved to run with you
Backwoods let my truck get muddy
Ya honey- you know how we do
        Chorus

        ….End song

By: Russell A. Clemo
Song titled: **I Let You Know It's Real**

I let you know it's real
What I do for you honey
I tell you how I feel
The only way I can be somebody
            Chorus

        Verse one:
The only way I can be somebody
Is if I got somebody
It's gotta be both ways
Tell me you need somebody
Honey it's gotta be both ways
The only way it works
You gotta open up your heart
The only way it works
You gotta play your part
You splay your heart
That's what you do for me
You let me know it's real
That's how I know you need me
That's what you do for me honey
The only way I can be somebody
You know if I got somebody
It's got to be you
Ya it's got to be you

I let you know it's real
What I do for you honey
I tell you how I feel
The only way I can be somebody
            Chorus

Verse two:
The only way you can be somebody
Is if you got somebody
It's gotta be both ways
Tell me I need somebody
Honey it's gotta be both ways
The only way it works
You gotta open up your heart
The only way it works
I gotta play my part
You splay your heart
That's what you do for me
You let me know it's real
That's how I know you need me
That's what you do for me honey
The only way I can be somebody
You know if I got somebody
It's got to be you
Ya it's got to be you

....End song

By: Russell A. Clemo
Song titled: **My Dog Is My Best Friend**

My dog is my best friend
Ever since I can remember
Since I don't know when
My dog is my best friend
        Chorus

        Verse one:
Take a ride with me
Ride right next to me
On a two lane highway
Need my dog seated next to me
On a back dirt road
Take him wherever I go
Take my dog and a fishen pole
A fishen pole and some bait
He's up early in the morning
Honey he can barely wait
Hop in the truck latched the tailgate
Every couple of days we get away
No I can't barely wait
My dog is my best friend
Ever since I can remember
Since I don't know when
My dog is my best friend
Take that dog wherever I go
Ya he can sniff a brown trout
A brown trout in a fishen hole
Honey I take that dog wherever I go
He's a good old boy 8 yr.'s old
I'm tellen you honey he don't ever fail
Ya darlin he don't ever fail

My dog is my best friend
Ever since I can remember
Since I don't know when
My dog is my best friend
   Chorus

   Verse two:
Take a ride with me
Ride right next to me
On a two lane highway
Need my dog seated next to me
On a back dirt road
Take him wherever I go
Take my dog and a fishen pole
A fishen pole and some bait
He's up early in the morning
Honey he can barely wait
Hop in the truck latched the tailgate
Every couple of days we get away
No I can't barely wait
My dog is my best friend
Ever since I can remember
Since I don't know when
My dog is my best friend
Take that dog wherever I go
Ya he can sniff a brown trout
A brown trout in a fishen hole
Honey I take that dog wherever I go
He's a good old boy 8 yr.'s old
I'm tellen you honey he don't ever fail
Ya darlin he don't ever fail

My dog is my best friend
Ever since I can remember
Since I don't know when
My dog is my best friend
   Chorus

   ….End song

By: Russell A. Clemo
Song titled: **Grandfather Time Your Hands Are Mine**

Grandfather Time your hands are mine
Shape the world with philosopher's clay
If I can see through years and time
I can see what is mine
Let the cards fall where they may
        Chorus

        Verse one:
As children get older
Their parents will get older
Then children become parents
We return to our maker
Return to our maker again
Grandfather your hands are mine
See the world with philosopher's clay
Help me see through years and time
I can see what is mine
Let the cards fall where they may
I know the seasons will change
Then comes a brand new day
So when it's dark as night
Please continue to light the way
Let the children play in the light
When its dark as night
Then comes a brand new day
Grandfather protect us in the light

Grandfather Time your hands are mine
Shape the world with philosopher's clay
If I can see through years and time
I can see what is mine
Let the cards fall where they may
        Chorus

Verse two:
As children get older
Their parents will get older
Then children become parents
We return to our maker
Return to our maker again
Grandfather your hands are mine
See the world with philosopher's clay
Help me see through years and time
I can see what is mine
Let the cards fall where they may
I know the seasons will change
Then comes a brand new day
So when it's dark as night
Please continue to light the way
Let the children play in the light
When its dark as night
Then comes a brand new day
Grandfather protect us in the light

....End song

By: Russell A. Clemo
Song titled: **I Had To Burn Another Day**

I had to burn another day
With my love in a way
I had to burn another day
Ya I had to stay
      Chorus

      Verse one:
You burn for another day
We live inside our heads
Love please don't let it fade away
When love talks to you baby
There's so much to say
What lives inside that light
We can't let it float away
Don't let it burn honey
I had to burn another day
With my love in a way
I had to burn another day
Ya I had to stay
What isn't love baby
It had to wash away
What didn't kiss my lips
Gone is another day
Only love is leaven here baby
I knew I had to stay

I had to burn another day
With my love in a way
I had to burn another day
Ya I had to stay
      Chorus

Verse two:
I burn for another day
We live inside our heads
Love please don't let it fade away
When love talks to me baby
There's so much to say
What lives inside that light
We can't let it float away
Don't let it burn honey
I had to burn another day
With my love in a way
I had to burn another day
Ya I had to stay
What isn't love baby
It had to wash away
What didn't kiss my lips
Gone is another day
Only love is leaven here
I knew I had to stay

....End song

By: Russell A. Clemo
Song titled: **It's Time For Me To Settle Down**

It's time for me to settle down
No more lonely nights honey
You waiting for me to come around
I'll settle in and settle down
     Chorus

     Verse one:
My slower days and longer nights
No more driving long hours
Ya no more early flights
I Don't have to tell you darlin
I know this feels so right
I'm always loven you
On them longer nights
Now I am next to you
It's time for me to settle down
No more lonely nights honey
You waiting for me to some around
I'll settle in and settle down
With the rest of our lives
Your love makes me feel so true
Later when our memories live on
Somewhere out in the wild blue
Ya I know that we'll live on baby
It's time for me to settle down

It's time for me to settle down
No more lonely nights honey
You waiting for me to come around
I'll settle in and settle down
     Chorus

Verse two:
Your slower days and longer nights
No more driving long hours
Ya no more early flights
You don't have to tell me darlin
You know this feels so right
Your always loven me
On them longer nights
Now I am next to you
It's time for me to settle down
No more lonely nights honey
You waiting for me to come around
I'll settle in and settle down
With the rest of our lives
Your love makes me feel so true
Later when our memories live on
Somewhere out in the wild blue
Ya I know that we'll live on baby
It's time for me to settle down

....End song

By: Russell A. Clemo
Song titled: **It's About Family History**

It's about family history
When we are on
When it's about family and stories
Ring-a ding ding dong
          Chorus

          Verse one:
When it's dark outside
I turn some lights on
We can do a little drinken
We can dance all night long
Talk some family history now
We'll listen to some Country songs
Go on let some neighbors in
Ring-a ding ding dong
It's about family history
When we are on
When it's about family and stories
Ring-a ding ding dong
Let's stay up all night long
Until it gets light again
You got a family member
Ya you got a friend
A neighbor is forever
It's family until the end

It's about family history
When we are on
When it's about family and stories
Ring-a ding ding dong
          Chorus

Verse two:
When it's dark outside
You turn some lights on
We can do a little drinken
We can dance all night long
Talk some family history now
We'll listen to some Country songs
Go on let some neighbors in
Ring-a ding ding dong
It's about family history
When we are on
When it's about family and stories
Ring-a ding ding dong
Let's stay up all night long
Until it gets light again
You got a family member
Ya you got a friend
A neighbor is forever
It's family until the end

....End song

By: Russell A. Clemo
Song titled: **Wind In The Trees Baby**

Wind in the trees baby
I can hear wind in the trees
Don't you hear it baby
Wind in the trees
       Chorus

       Verse one:
Close your eyes pretty baby
You can feel it now
Rock-a-bye baby
Don't go to sleep now
Hear the wind whisper
Feel the wind baby
Like a sweet little baby's breath
Feel when it kisses you
Sweet little baby
Let it calm you
Let it soothe you baby
You're my little baby
Rock you in my arms
So precious in my arms baby
You're my beautiful baby
Always hold you close
Ya I'll always keep you close
You're my rock-a-bye baby

Wind in the trees baby
I can hear wind in the trees
Don't you hear it baby
Wind in the trees
       Chorus

Verse two:
Close your eyes pretty baby
You can feel it now
Rock-a-bye baby
Don't go to sleep now
Hear the wind whisper
Feel the wind baby
Like a sweet little baby's breath
Feel when it kisses you
Sweet little baby
Let it calm you
Let it soothe you baby
You're my little baby
Rock you in my arms
So precious in my arms baby
You're my beautiful baby
Always hold you close
Ya I'll always keep you close
You're my rock-a-bye baby

....End song

CHAPTER:

A Great Book Of American Songs (VII.)

Russell A. Clemo

INDEX

1. Hold A Little Bit Of Rain In My Pocket
2. I'm Back In Town And It's Time
3. You Know What Love Is
4. If I Could See Inside Your Mind
5. I Know That You Are Falling
6. Superman Needs A Hero
7. Mama Looken So Beautiful
8. In This World There's Takers And Givers
9. She Makes Me Feel Cold
10. I'm Going To Die On That Mountain

By: Russell A. Clemo
Song titled: **Hold A Little Bit Of Rain In My Pocket**

Hold a little bit of rain in my pocket
Ya then I'll blame of on the rain
With a little bit of pain in my pocket
Then I'll blame it on the pain
        Chorus

        Verse one:
When I'm prayen darlin
If its for virtue now
If it's not about the response
Well I still need you now
When I'm prayen darlin
Doctrines given me faith
With God in my purpose
Ya I won't let it waste
Prayen at some stars
When I'm prayen just for you
When I'm looken to God
When I'm writen it for you
Please help me now
When I'm looken separately for you
Can I take control for me
Can I reset with you
Something's writing all over me
With a little bit of rain in my pocket

Hold a little bit of rain in my pocket
Ya then I'll blame it on the rain
With a little bit of pain in my pocket
Then I'll blame it on the pain
        Chorus

Verse two:
When your prayen darlin
Emotionally unwell sometimes
Its not about the response
I know you need me sometimes
When you keep prayen darlin
Can't I be vulnerable for you
I can be vulnerable too
I know something's writen over that too
My pen is my rod now
My legacy casts a shadow
God has my light now
But only I chase a shadow
Please help me now
When I'm looken back at you
Can I take control for me
Can I reset with you
Somethings writen all over me
With a little bit of rain in my pocket

Hold a little bit of rain in my pocket
Ya then I'll blame it on the rain
With a little bit of pain in my pocket
Then I'll blame it on the pain
        Chorus

        ….End song

By: Russell A. Clemo
Song titled: **I'm Back In Town And It's Time**

I'm back in town and it's time
I've gotta make that girl mine
I've gotta buckle it all down
I'm back in town and it's time
        Chorus

        Verse one:
I want that girl
I need her now
What I wouldn't give
I'm gonna show her how
Let's get it on the run
We'll get it together
Rain snow or shine
We'll fair in any weather
I've gotta make that girl
Gotta make that girl mine
Now I'm back in town
I'm back in town and it's time
Baby let me buy you dinner
I wanna take you dancen
I need your lucky charm
Tell everybody gotta make that girl mine
That girl is so fine
I'm back in town and it's time

I'm back in town and it's time
I've gotta make that girl mine
I've gotta buckle it all down
I'm back in town and it's time
        Chorus

Verse two:
I want that girl
I need her now
What I wouldn't give
I'm gonna show her how
Let's get it on the run
We'll get it together
Rain snow or shine
We'll fair in any weather
I've gotta make that girl
Gotta make that girl mine
Now I'm back in town
I'm back in town and it's time
Baby let me buy you dinner
I wanna take you dancen
I need your lucky charm
Tell everybody gotta make that girl mine
That girl is so fine
I'm back in town and it's time

....End song

By: Russell A. Clemo
Song titled: **You Know What Love Is**

You know what love is
So I want to explain it to you
You know what love is
So I want to tell it to you
        Chorus

        Verse one:
Honey I love you
When I'm waken up to you
We sleep all through the night
When it's just me and you
That's when I'm holden you tight
You and me we'll break through
Tomorrow everything will be alright
Honey that's how I'm loven you
Baby let's only dream tonight
You know what love is
So I want to explain it to you
You know what love is
So I want to tell it to you
Sleep all through the night
Honey that's when I'm holden you
In my mind holden you tight
There's nothen that I wouldn't do
That's when I'm waken up to you

You know what love is
So I want to explain it to you
You know what love is
So I want to tell it to you
        Chorus

Verse two:
Honey I love you
When I'm waken up to you
We sleep all through the night
When it's just me and you
That's when I'm holden you tight
You and me we'll break through
Tomorrow everything will be alright
Honey that's how I'm loven you
Baby let's only dream tonight
You know what love is
So I want to explain it to you
You know what love is
So I want to tell it to you
Sleep all through the night
Honey that's when I'm holden you
In my mind holden you tight
There's nothen that I wouldn't do
That's when I'm waken up to you

….End song

By: Russell A. Clemo
Song titled: **If I Could See Inside Your Mind**

If I could see inside your mind
I'd make love to you
If you could see inside my mind
Baby I would talk to you
        Chorus

        Verse one:
You can feel electric on my lips
You feel the buzz from my kiss
Ya want you inside me like this
You want to taste my lips
You let me touch your skin
I want that buzz from your kiss
You love mornings like this
I love mornings like this
Putten coffee on for two
See all that sparkle in your eyes
I pour a cup just for you
You awaken me inside
You always know what to do
Our love awakens inside
You want that electricity too
I want the buzz from your kiss
Baby-tell me what is this
I'm tasting the coffee from your kiss

If I could see inside your mind
I'd make love to you
If you could see inside my mind
Baby I would talk to you
        Chorus

Verse two:
I feel electric on your lips
I feel the buzz from your kiss
Ya want you inside me like this
I want to taste your lips
I let you touch my skin
You want that buzz from my kiss
I love mornings like this
You love mornings like this
Putten coffee on for two
See all the sparkle in your eyes
I pour a cup just for you
I awaken you inside
You always know what to do
Our love awakens inside
You want that electricity too
I want the buzz from your kiss
Baby-tell me what is this
I'm tasting the coffee from your kiss

....End song

By: Russell A. Clemo
Song titled: **I Know That You Are Falling**

I know that you are falling
I can take you away
You want someone to catch you
I can catch you in that way
        Chorus

        Verse one:
I need your love baby
Catch you if you start to fall
My love will pick you up
Love will carry you through it all
I love you to pieces
No I won't let you fall
Now I'm flyen on torn wings
With a tear in my heart
Longing my heart still sings
Even while we are apart
Pull the moon in close for you baby
Ya pull them stars in close
Kiss and we'll feel the magic honey
While we are maken the most
I know when you are hurting
So take a chance baby
Just take a chance
I know that you are falling

I know that you are falling
I can take you away
You want someone to catch you
I can catch you in that way
        Chorus

Verse two:
The world wants your love
Catch you if you start to fall
A stranger's love can pick you up
Love will carry you through it all
I love you to pieces
No I won't let you fall
We can fly on torn wings
With a tear in your heart
Longing my heart still sings
Even while we are apart
Pull the moon in close for me baby
Ya pull them stars in close
Kiss me and we'll feel the magic honey
While we are maken the most
You know when I am hurting
Now take a chance baby
Just take a chance
I know that you are falling

....End song

By: Russell A. Clemo
Song titled: **Superman Needs A Hero**

Superman needs a hero
He needs someone like you
With a country to believe in
Let your blood run true
        Chorus

        Verse one:
You can be the town hero
Let your blood run true
Feel like a patriot inside
Now tell me - what you gonna do
Put a heart in the fight
Fighting on your family's side
Ya with veins that run so blue
Fighting on America's side
You're a country boy so true
Superman needs a hero
He needs someone like you
With a country to believe in
Let your blood run so true
Be a first responder
Or do it for the Corps
You can save each life
A part of the American force
Ya Superman needs a hero

Superman needs a hero
He needs someone like you
With a country to believe in
Let your blood run true
        Chorus

Verse two:
Believe in the righteous path
Let your blood run true
You are the patriot inside
Ask someone now-what you gonna do
You are the heart in the fight
Keep fighting on your family's side
Ya with veins that run so blue
Fighting on America's side
Your a country boy so true
Superman needs a hero
He needs someone like you
With a country to believe in
Let your blood run so true
Be a first responder
Or do it for the Corps
You can save each life
A part of the American force
Ya Superman needs a hero

....End song

By: Russell A. Clemo
Song titled: **Mama Looken So Beautiful**

Mama looken so beautiful
Always do it just right
Make me wanna do a river dance
We can dance by the fire's light
            Chorus

        Verse one:
Look at this girl in the light
I'll dance spinnen her round and round
Stop by enjoy Mama's cookout tonight
Dancen I'll spin her round and round
I think I got a good girl in my sights
Ya I need me one for settling down
Mama look at this girl in the light
Now the two of you dancen round and round
In the backyard with the fire's light
Everybody do a little dancen now
Make me do a river dance tonight
the street lights are comen on now
Ya these three hearts are still burnen bright
Two AM before we're settling down
Everything's perfect in the fire's light
Looken so beautiful in this town
Everything's perfect in the fire's light
Mama's looken so beautiful

Mama looken so beautiful
Always do it just right
Make me wanna do a river dance
We can dance by the fire's light
            Chorus

Verse two:

Look at this girl in the light
I'll dance spinnen her round and round
Stop by enjoy Mama's cookout tonight
Dancen I'll spin her round and round
I think I got a good girl in my sights
Ya I need me one for settling down
Mama look at this girl in the light
Now the two of you dancen round and round
In the backyard with the fire's light
Everybody do a little dancen now
Make me do a river dance tonight
the street lights are comen on now
Ya these three hearts are still burnen bright
Two AM before we're settling down
Everything's perfect in the fire's light
Looken so beautiful in this town
Everything's perfect in the fire's light
Mama's looken so beautiful

....End song

By: Russell A. Clemo
Song titled: **In This World There's Takers And Givers**

In this world there's takers and givers
Ya in this world there's losers and winners
People want all the crumbs you were leaven
Want all the love long as your breathen
       Chorus

       Verse one:
Baby take my hand
You take us both through that door
Next is champagne and private planes
Executive suites with endorsements galore
Ya all the presidential amenities
Baby you do that business so hardcore
Flyen I'm listenen to you honey
I'm in your world forever more
Taken all my ques from you
Ya you make the rules forever more
In this world there's takers and givers
Ya in this world there's losers and winners
People want all the crumbs you were leaven
Want all the love long as your breathen
You're not a heart that's made for leaven
For you I'll keep the champagne breathen
Ya promise the I'm never leaven
Want all the love long as you're breathen

In this world there's takers and givers
Ya in this world there's losers and winners
People want all the crumbs you were leaven
Want all the love long as your breathen
       Chorus

Verse two:
Baby take my hand
You take us both through that door
Next is champagne and private planes
Executive suites with endorsements galore
Ya all the presidential amenities
Baby you do that business so hardcore
Flyen I'm listenen to you honey
I'm in your world forever more
Taken all my ques from you
Ya you make the rules forever more
In this world there's takers and givers
Ya in this world there's losers and winners
People want all the crumbs you were leaven
Want all the love long as your breathen
You're not a heart that's made for leaven
For you I'll keep the champagne breathen
Ya promise the I'm never leaven
Want all the love long as you're breathen

....End song

By: Russell A. Clemo
Song titled: **She Makes Me Feel Cold**

She makes me feel cold
I can feel it way down
She makes me cold
Ya way down in my soul
   Chorus

   Verse one:
Feelings deep inside
There's feelings I can't let go
We need each other
Now you don't need me anymore
I wanted to settle down
Then you walked out that door
With my heart wide open honey
I can't make love to you anymore
If your not comen back baby
Well then who's keepen the score
You maken me cold honey
I can feel it way down
You make me cold
Ya way down in my soul
If there's still life in me
When you let me go
Blues still set me free
Now baby make me cold

She makes me feel cold
I can feel it way down
She makes me cold
Ya way down in my soul
   Chorus

Verse two:
Feelings deep inside
There's feelings I can't let go
We need each other
Now you don't need me anymore
I wanted to settle down
Then you walked out that door
With my heart wide open honey
I can't make love to you anymore
If your not comen back baby
Well then who's keepen the score
You maken me cold honey
I can feel it way down
You make me cold
Ya way down in my soul
If there's still life in me
When you let me go
Blues still set me free
Now baby make me cold

....End song

By: Russell A. Clemo
Song titled: **I'm Going To Die On That Mountain**

I'm going to die on that mountain
But I'll tell it to you true
Where is mortality in morals
Don't let people take that from you
        Chorus

        Verse one:
Big Government oversteppen the state department
Who does the state complain to
If its a watershed moment
What is the citizen suppose to do
Free society citizens involved
Ya prisoner citizens too
That there was con man slick
When nobody asked me or you
Blame it on lost or ancient technology
Now one of us can't make it through
Ya simulate me and I'm reexplained
Why is that the future for me or you
If your obstructed by something strange
Moments are gone what do we do
We're more than someone else reexplained
I know you want individualism for you
I'm going to die on that mountain
Please don't let Democracy die too

I'm going to die on that mountain
But I'll tell it to you true
Where is mortality in morals
Don't let people take that from you
        Chorus

Verse two:
Big Government oversteppen the state department
Who does the state complain to
If its a watershed moment
What is the citizen suppose to do
Free society citizens involved
Ya prisoner citizens too
That there was con man slick
When nobody asked me or you
Blame it on lost or ancient technology
Now one of us can't make it through
Ya simulate me and I'm reexplained
Why is that the future for me or you
If your obstructed by something strange
Moments are gone what do we do
We're more than someone else reexplained
I know you want individualism for you
I'm going to die on that mountain
Please don't let Democracy die too

....End song

CHAPTER:

A Great Book Of American Songs (VIII.)

Russell A. Clemo

INDEX

By: Russell A. Clemo
Song titled: **One Hand On The Pulse**

One hand on the pulse
One hand on my heart
With a mind that spangles
There's stripes on my heart
     Chorus

     Verse one:
Blue in my veins
Red pumpen through my heart
I'm in love with you
This is America's heart
Red white and blue
For old dreams and new
For a country before all is lost
Ya for Lady Liberty too
Illuminations for a new world
Is that disorder for me or you
It's for Democracy we say
America is so true
It's the good old U-S-of A
Home for me and you
Ya home for the Rebel
Big government tells us what to do
If everywhere man is in chains
Then all is lost for me and you

One hand on the pulse
One hand on my heart
With a mind that spangles
There's stripes on my heart
     Chorus

Verse two:
Blue in my veins
Red pumpen through my heart
I'm in love with you
This is America's heart
Red white and blue
For old dreams and new
For a country before all is lost
Ya for Lady Liberty too
Illuminations for a new world
Is that disorder for me or you
It's for Democracy we say
America is so true
It's the good old U-S-of A
Home for me and you
Ya home for the Rebel
Big government tells us what to do
If everywhere man is in chains
Then all is lost for me and you

One hand on the pulse
One hand on my heart
With a mind that spangles
There's stripes on my heart
            Chorus

        ....End song

By: Russell A. Clemo
Song titled: **I Know How Far To Push You**

I know how far to push you
Ya nothing is too fast
We do it up in your town honey
Ya nothing is that fast
       Chorus

      Verse one:
I'm talken to you honey
Affirmations for your success
Tell everyone that you're the best
I'll support your ambitions
Push you until your blessed
I'm everything you need and more
Your ready for life's test
I'll help you take down another score
Another win baby you're the best
Help you accomplish more
Help you stand your test
I know how far to push you
Ya nothing is too fast
We do it up in your town honey
Ya nothing is that fast
You open up another door
Taken us through that door
Baby what are you waiting for

I know how far to push you
Ya nothing is too fast
We do it up in your town honey
Ya nothing is that fast
       Chorus

Verse two:
I'm talken to you honey
Affirmations for your success
Tell everyone that you're the best
I'll support your ambitions
Push you until you're blessed
I'm everything you need and more
Your ready for life's test
I'll help you take down another score
Another win baby you're the best
Help you accomplish more
Help you stand your test
I know how far to push you
Ya nothing is too fast
We do it up in your town honey
Ya nothing is that fast
You open up another door
Taken us through that door
Baby what are you waiting for

....End song

By: Russell A. Clemo
Song titled: **Baby Jump In Line**

Baby jump in line
Ya get behind me
One more time
Baby jump in line
        Chorus

        Verse one:
Who's right behind me
Who's on my line
When I look around
You ain't hard to find
Looken at the shadow
I see it designed
I'm talken to your shadow
In the light on the grind
Baby jump in line
Ya get behind me
One more time
Baby jump in line
You can find me
If you're on with it
Even if you mind me
We can't change their mind
It's already when it designed
So I let it design me
I'm tellen God to find me
You helpen God to find me
Step into my light
Grab on if it feels right
Now I'm maken love in that flight
Ya baby jump in line

Baby jump in line
Ya get behind me
One more time
Baby jump in line
       Chorus

       Verse two:
Your right behind me
Your on my line
When you look around
You ain't hard to find
You looken at the shadow
Ya I see it designed
I'm talken to your shadow
In the light on the grind
Baby jump in line
Ya get behind me
One more time
Baby jump in line
You can find me
I know your on with it
Even if you mind me
We can't change their mind
Its already when it designed
So I let it design me
Now I'm tellen God where to find me
You helpen God find me
Step into the light
Even if it feels right
Getting love in that flight
Ya baby jump in line

       ….End song

By: Russell A. Clemo
Song titled: **So Caught Up In You**

So caught up in you
Drowned in colors of blue
Still in love honey
I'm still loven you
         Chorus

         Verse one:
Rain washen dreams
Water pools my vision
Creek it bend and seams
Like the trees I drink
I'm so caught up in you
Like heavens light
Your love is so true
I'm drowned in your colors
Girl if you only knew
So caught up in you
Drowned in colors of blue
Still in love honey
I'm still loven you
Revel under the trees
Needing something new
Resurrecting your dreams
I need you baby
I'm still loven you

So caught up in you
Drowned in colors of blue
Still in love honey
I'm still loven you
         Chorus

Verse two:
Rain drops and dreams
Love pools my vision
My heart bend and seams
Like the trees I drink
I'm so caught up in you
Like heavens light
Our love is so true
I'm drowned in your colors
Girl if you only knew
So caught up in you
Drowned in colors of blue
We're still in love honey
I'm still loven you
Revel under the trees
Needing something new
Resurrecting your dreams
I need you baby
I'm still loven you

....End song

By: Russell A. Clemo
Song titled: **I Won't Play Your Love**

I won't play your love
I won't play it like a fiddle
I will be there for you
I put that in a riddle
      Chorus

      Verse one:
Can't give all of my love
I won't give in easy
You need to love me girl
When loven ain't easy
My mountain side full of dreams
I know you want to believe me
Make your heart at home
Come inside and need me
Deep inside my cabin's your home
I won't play your love
I won't play it like a fiddle
I will be there for you
Ya I'll put that in a riddle
When you're still drawn to me
You say my love is made for you
I'll worship you if you're loven me
Ya a rare riddle that's true
I won't play your love

I won't play your love
I won't play it like a fiddle
I will be there for you
I put that in a riddle
      Chorus

Verse two:
Can't give all of my love
I won't give in easy
You need to love me girl
When loven ain't easy
My mountain side full of dreams
I know you want to believe me
Make your heart at home
Come inside and need me
Deep inside my cabin's your home
I won't play your love
I won't play it like a fiddle
I will be there for you
Ya I'll put that in a riddle
When you're still drawn to me
You say my love is made for you
I'll worship you if you're loven me
Ya a rare riddle that's true
I won't play your love

....End song

By: Russell A. Clemo
Song titled: **I Think I've Gone Too Far**

I think I've gone too far
My love doesn't make a shadow
I can cast my own star
But I think I've gone too far
        Chorus

        Verse one:
When I'm calling you home
Your heart returns to me
When my heart is metal
My guitar plays for me
If it's Country or Rock 'N' Roll
I play the Blues for you
When my love's calling you home
When you've gone too far
Make sure you're calling me home
I think I've gone too far
My love doesn't make a shadow
I can cast my own star
But I think I've gone too far
What holds us here
A passenger in that car
When you're calling me home
I will play my guitar
When you are calling me home

I think I've gone too far
my love doesn't make a shadow
I can cast my own star
But I think I've gone too far
        Chorus

Verse two:
When your calling me home
My heart returns to you
When my heart is metal
My guitar plays for me
If it's Country or Rock 'N' Roll
I play the Blues for you
When your love's calling me home
When I've gone too far
Make sure you're calling me home
I think I've gone too far
My love doesn't make a shadow
I can cast my own star
But I think I've gone too far
What holds us here
A passenger in that car
When you're calling me home
I will play my guitar
When you are calling me home

....End song

By: Russell A. Clemo
Song titled: **Your Little Piece Of Paradise**

Your little piece of Paradise
Sweat like sugar on me
Little piece of Paradise
You're loven on me
        Chorus

        Verse one:
Listen to love in my voice
Inside of my run
You can see each choice
Load me like a gun
Rock 'N' Roll needs a voice
MTV & People's Choice
I want your Paradise
That needs a voice
Watch the guitar sweat for me
Your little piece of Paradise
Sweat like sugar on me
Little piece of Paradise
You're loven on me
Watch you dance for me
I'm celebrating you girl
You live so free
Watch the guitar run
Put your loven on me

Your little piece of Paradise
Sweat like sugar on me
Little piece of Paradise
You're loven on me
        Chorus

Verse two:
Listen to love in your voice
Inside my music run
I can see each choice
Load me like a gun
Rock 'N' Roll needs a voice
MTV & People's Choice
I want your Paradise
That needs a voice
Watch the guitar sweat for me
Your little piece of Paradise
Sweat like sugar on me
Little piece of Paradise
You're loven on me
Watch you dance for me
I'm celebrating you girl
You live so free
Watch the guitar run
Put your loven on me

....End song

By: Russell A. Clemo
Song titled: **I Want A Smoke Show**

I want a smoke show
Baby girl you look so hot
Ya you already know
I want a smoke show
      Chorus

      Verse one:
Islands made of sand
Bikini on your body
I'm wrapped in board shorts
Baby let me take your hand
Bar is on the beach
Rum drinks in your hand
Guitar and mandolin play
This paradise made of sand
Let inhibitions fall away
So love can come out and play
Ya just take my hand
Gorgeous is your body
When you put it on me
So intoxicated so sweetly
The love that makes me
Our lips touch tongue dancen
Your hips twitch we're dancen
Ya baby I'll pay a king's ransom
Something so extraordinary to me
I want to be your handsome
Islands made of sand
Rum in these drinks
Ya ecstasy we make
Baby let me take your hand

I want a smoke show
Baby girl you look so hot
Ya you already know
I want a smoke show
       Chorus

       Verse two:
Beach made of sand
Coconut oils on your body
I'm wrapped in board shorts
Baby let me take your hand
Party is on the beach
Rum drink in your hand
Guitar and mandolin play
Your paradise made of sand
I let inhibition fall away
Now let love come out and play
Ya just take my hand
So gorgeous is your body
While you put it on me
So intoxicated so sweetly
The love that makes me
Our lips touch tongue dancen
Your hips twitch we're dancen
Ya baby I'll pay a king's ransom
Something so extraordinary to me
I want to be your handsome
Islands made of sand
Rum in these drinks
Ya ecstacy we make
Baby let me take your hand

I want a smoke show
Baby girl you look so hot
Ya you already know
I want a smoke show
       Chorus

       ....End song

By: Russell A. Clemo
Song titled: **Love All Of The People**

Love all of the people
Give the love back
I'm maken love to you
Now tell me how's that
        Chorus

        Verse one:
Drinking from your love
Set down your glass
Take a drink from my lips
Come give me kiss
Take my hand and dance
Let us dance like this
Love dance along your hips
My fingers trace your lips
Let love take control
Love all the people
Give the love back
I'm maken love to you
Now tell me how's that
You salsa dance for me
Island dance for me
Rum drink makes me free
Baby dance the night
Girl dance with me

Love all of the people
Give the love back
I'm maken love to you
Now tell me how's that
        Chorus

Verse two:
Drinking from your love
Set down your glass
Take a drink from my lips
Come give me kiss
Take my hand and dance
Let us dance like this
Love dance along your hips
My fingers trace your lips
Let love take control
Love all the people
Give the love back
I'm maken love to you
Now tell me how's that
You salsa dance for me
Island dance for me
Rum drink makes me free
Baby dance the night
Girl dance with me

Love all of the people
Give the love back
I'm maken love to you
Now tell me how's that
Chorus

….End song

By: Russell A. Clemo
Song titled: **Your Love Is So Brilliant**

Your love is so brilliant
Under the moons light
I want to dance with you
Take my hand tonight
      Chorus

      Verse one:
Spin you around mamasita
The fire in your eyes its bright
Your eyes glitter we're drinken margaritas
The love in your eyes burnen bright
You look brilliant when your heating up
I want your body here tonight
Now the dance floor is heating up
Watch as it shimmers in the night
As I look into your eyes
Your lips kiss me and I take flight
We'll dance with you looking up
Two hearts dancing in the night
Ya mamasita that is what's up
Dancing spin you around in the night
If my love is enough
In a dim lovers light
Take me and kiss my lips
I need you in this dim lovers like light
Baby make sure and kiss my lips
Your love is so brilliant
Watch as a dove takes flight
You need a love like this
Fly high above with that bird's sight
Your love is so brilliant

Your love is so brilliant
Under the moons light
I want to dance with you
Take my hand tonight
        Chorus

        Verse two:
As I spin around mamasita
The fire in my eyes it is bright
Your eyes glitter we're drinken margaritas
The love in your eyes burnen bright
You look brilliant when your heating up
You want me here tonight
Now the dance floor is heating up
Watch as it shimmers in the night
As you look into my eyes
Your lips kiss me and you take flight
We'll dance both of us looking up
Two hearts dancing in the light
Ya mamasita you are what's up
Dancing spin you around in the night
If my love is enough
In a dim lovers light
Take me and kiss my lips
I need you in this dim lovers light
Baby make sure and kiss my lips
Your love is so brilliant
Watch as a dove takes flight
You need a love like this
Fly high above with that bird's sight
Your love is so brilliant

        ….End song

CHAPTER:

A Great Book Of American Songs (IX.)

Russell A. Clemo

INDEX

By: Russell A. Clemo
Song titled: **Good Love Takes Time**

Good love takes time
And I've gotta work
I'm gonna make her mine
She's my sweet summers shine
              Chorus

        Verse one:
We can sail the world
Enjoy the open sea
We'll make love this way
We'll be free
Maritime Law
Social freedoms and seas
Salt in the air
Sunshine on the breeze
Beautiful bikini and cocoa tan
Flip flop dreams baby
I'm your loven man
I know good love takes time
And I've gotta work
When it's our everyday
Let's celebrate on the sea
Salt in the air
Sunshine on the seas
Good loven takes time

Good love takes time
And I've gotta work
I'm gonna make her mine
She's my sweet summers shine
              Chorus

Verse two:
Let us sail the world
You'll enjoy the open sea
Ya make love this way
We'll be free
Maritime Law
Social freedom and seas
Salt in the air
Sunshine on the breeze
Love your bikini and cocoa tan
Flip flop dreams baby
I'm your loven man
You know good love takes time
And I've gotta work
When it's our everyday
Salt in the air
Sunshine on the seas
Good loven takes time

....End song

By: Russell A. Clemo
Song titled: **I Don't Wanna Run From You**

I don't wanna run from you
I won't leave your side
My lovens born true
Now I'm right next to you tonight
      Chorus

     Verse one:
When summer has gone
I want you here
When the days are gone
Ya only colder nights
Before winter starts comen on
It's still summer now baby
So you know its on
Your cutoff shorts and sexy t-shirt
You don't have to keep those on
Keep dancen little darlin
Ya because tonight it's on
I don't wanna run from you
I wont leave your side
My lovens born true
Now I'm right next to you tonight
Your cute bikini bottoms on now
See'in you next to the waters light
I'm right next to you tonight

I don't wanna run from you
I won't leave your side
My lovens born true
Now I'm right next to you tonight
      Chorus

Verse two:
When summer has gone
I want you here
When the days are gone
Ya only colder nights
Before winter starts comen on
It's still summer now baby
So you know its on
Your cutoff shorts and sexy t-shirts
You don't have to keep those on
Keep dancen little darlin
Ya because tonight it's on
I don't wanna run from you
I wont leave your side
My lovens born true
Now I'm right next to you tonight
Your cute bikini bottoms on now
See'in you next to the waters light
I'm right next to you tonight

....End song

By: Russell A. Clemo
Song titled: **I'm Gonna Celebrate You**

I'm gonna celebrate you
We can celebrate
You can feel it too
Oh ya celebrate you
       Chorus

       Verse one:
Elevate lift your spirit up
Reach your hands toward the sky
I will provide you enough
You want to feel high
Times don't have to get tough
I will elevate you
I'm thinking somewhere tropical
Now let me take you
If you let me up
I'm gonna celebrate you
We can celebrate
You can feel it too
Oh ya celebrate you
Like love is something new
Raspberry lip gloss honey
Your coconut lotion too
Like summer I kiss your lips
Feel the summer breeze too

I'm gonna celebrate you
We can celebrate
You can feel it too
Oh ya celebrate you
       Chorus

Verse two:
Elevate lift my spirit up
Reach my hands toward the sky
I will provide you enough
I want to feel high
Times don't have to get tough
I will elevate you
Your thinking somewhere tropical
Now let me take you
If you let me up
I'm gonna celebrate you
We can celebrate
You can feel it too
Oh ya celebrate you
Like love is something new
Your raspberry lip gloss honey
Your coconut lotion too
Like summer I kiss your lips
You feel that summer breeze too

....End song

By: Russell A. Clemo
Song titled: **You Said Once Again It's On**

You said once again it's on
Now I'm dancen here
You said once again it's on
I'm in love dancen here
       Chorus

       Verse one:
Wanna dance you around
Love your pretty hair and lips
You dance spinnen round
Your legs in that dress
Ya comen back around
Sexy woman for me
How does that sound
Blow my mind in stereo
Let my heart melt and drowned
Guitars play just for you honey
Your feet don't touch the ground
Floaten on the dance floor
High heels don't touch the ground
That's right pretty baby
Feel like I've been found
Don't play me too fast
My loven won't go to ground
I'm in love dancen here

You said once again its on
Now I'm dancen here
You said once again its on
I'm in love dancen here
       Chorus

Verse two:
I'll dance you around
Love your pretty hair and lips
You dance spinnen round
Gorgeous legs in that dress
Ya comen back around
Sexy woman for me
How does that sound
Blow my mind in stereo
Let my heart melt and drowned
Guitars play just for you honey
My feet don't touch the ground
Floaten on the dance floor
My heels don't touch the ground
That's right pretty baby
Feel like I've been found
Don't play me too fast
My loven won't go to ground
I'm in love dancen here

….End song

By: Russell A. Clemo
Song titled: **I Tell You That You're Special**

I tell you that you're special
With sex you wait for me
I tell you that you're special
Now you're sexen me
   Chorus

   Verse one:
Your body maken love
Hips dance for me
I want your love
You hypnotise me
Now I'm maken love
Tequila flowen free
Bless this from above
Drink that ecstacy
No chaser for the love
Give me that lime
I'm so in love
Drink with me
Walk on the beach
In the sand we're free
I'll give my heart to you
Let them all see
This is love
Now baby set me free

I tell you that you're special
With sex you wait for me
I tell you that you're special
Now you're sexen me
   Chorus

Verse two:
Your body maken love
Hips dance for me
I want your love
You hypnotise me
Now I'm maken love
Tequila flowen free
Bless this from above
Drink that ecstacy
No chaser for the love
Give me that lime
I'm so in love
Drink with me
Walk on the beach
In the sand we're free
I'll give my heart to you
Let them all see
This is love
Now baby set me free

....End song

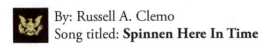 By: Russell A. Clemo
Song titled: **Spinnen Here In Time**

Spinnen here in time
I can barely rewind
Stimulation is designed
Its designed for Rock 'N' Roll
                Chorus

            Verse one:
Electric is for me
If I'm inside that guitar
If I'm liven free
Shock me to my soul
If music plays for me
Who isn't spinnen
Ya now records spin for free
Whiskey in that shot glass
Beers in that pitcher for me
Now you take your shot glass
Ya then drink a beer with me
Then little darlin let me see you strut
Spin you dancen around
Then strut your stuff
Now we're liven for free
You shock me to my soul
This is where I want to be
Spinnen here in time

Spinnen here in time
I can barely rewind
Stimulation is designed
Its designed for Rock 'N' Roll
                Chorus

Verse two:
Electric is for me
If I'm inside that guitar
If I'm liven free
Shock me to my soul
If music plays for me
Who isn't spinnen
Ya now records spin for free
Whiskey in that shot glass
Beers in that pitcher for me
Now you take your shot glass
Ya then drink a beer with me
Then little darlin let me see you strut
Spin you dancen around
Then you strut your stuff
Now we're liven for free
You shock me to my soul
This is where I want to be
Spinnen here in time

....End song

By: Russell A. Clemo
Song titled: **You're Paradise To Me**

You're Paradise to me
Now I am free
Ya you're Paradise to me
Nothing is killing me
        Chorus

        Verse one:
The city streets are pure
If perfect is imperfect
Ya I told you before
The human experience
You do that so hardcore
Computers don't love
You simulate that so hardcore
Bring loven back to me
I don't love your city anymore
Now rebel America be free
You're Paradise to me
Now I am free
Ya you're Paradise to me
Nothing is killing me
Young Jezebel she's pure
She is so imperfect
Her love isn't demure
Not trading on the obscure

You're Paradise to me
Now I am free
Ya you're Paradise to me
Nothing is killing me
        Chorus

Verse two:
Her city streets are pure
When perfect is imperfect
Ya I told you before
The human experience honey
You do that so hardcore
Computers don't love
You simulate that so hardcore
Bring loven back to me
I don't love this city anymore
Pretty rebel America be free
Ya You're Paradise to me
Now I am free
Ya you're Paradise to me
Nothing is killing me
Young Jezebel be pure
She is so imperfect
Her love isn't demure
Not trading on the obscure

....End song

By: Russell A. Clemo
Song titled: **You Still Help Me See**

You still help me see
Lonely nights and you're gone
You help me see
You're still looken down on me
          Chorus

          Verse one:
Memories will celebrate you
If you celebrate me
You still help me honey
You still help me see
Your gifts in time
Your spirit sets me free
Stand on a pillar of clouds
Tell me you still see
This moment is extraordinary
I tell you you're special to me
Lonely nights when you're gone
Memories missing from me
Astral projection help me see
Watchen old movies of you now
Your heart comes back to me
Your love is cosmic honey
I know you're not leaven me
In Heaven you still help me see

You still help me see
Lonely nights and you're gone
You help me see
You're still looken down on me
          Chorus

Verse two:
Memories will celebrate you
If you celebrate me
You still help me honey
You still help me see
Your gifts in time
Your spirit sets me free
Stand on a pillar of clouds
Tell me you still see
This moment is extraordinary
I tell you you're special to me
Lonely nights when you're gone
Memories missing from me
Astral projection help me see
Watchen old movies of you now
Your heart comes back to me
Your love is cosmic honey
I know you're not leaven me
In Heaven you still help me see

....End song

By: Russell A. Clemo
Song titled: **I Need A Heart Of Gold**

I need a heart of gold
Beautiful inside of you
Now my heart is sold
I have your heart of gold
      Chorus

      Verse one:
Summer sweet girl looken gold
Heart so pretty don't be cold
Let me have some darlin
Your love is gold
What feels sweet to me
It can't be sold
You're so genuine
Now my love is bold
Summer sunshine never getten old
Open a cold beer for me
Another country boy sold
While you're holden me here darlin
Beer is the only thing cold
Warm the blood inside of me
Your that heart of gold
Cutoff jeans and cowgirl boots
Heart so pretty don't be cold
Ya drinken beers ice cold

I need a heart of gold
Beautiful inside of you
Now my heart is sold
I have your heart of gold
      Chorus

Verse two:
Summer sweet girl looken gold
Heart so pretty don't be cold
Let me have some darlin
Your love is gold
What feels sweet to me
It can't be sold
You're so genuine
Now my love is bold
Summer sunshine never getten old
Open a cold beer for me
Another country boy sold
While you're holden me here darlin
Beer is the only thing cold
Warm the blood inside of me
You're that heart of gold
Cutoff jeans and cowgirl boots
Heart so pretty don't be cold
Ya drinken beers ice cold

....End song

By: Russell A. Clemo
Song titled: **I Told You Once Boy**

I told you once boy
Ya don't you understand
I ain't gonna tell you again
I'm gonna make a stand
      Chorus

      Verse one:
I'm being pushed into the streets
Pushed out of my job
If I don't work no one eats
Ya a part of the working class
Out in the streets
Shaken up the city
Now I'm shaken up the freaks
City Joe not worken anymore
It ain't got nothen to do with him
Cancel culture knocken on his door
Deep iterations of stimulation
No this isn't classism anymore
Just don't replace the human experience
Then I can't go to work anymore
Flip the circuit and walk through that door
Now let's get back to work
Ya let's settle the score
I told you once boy

I told you once boy
Ya don't you understand
I ain't gonna tell you again
I'm gonna make a stand
      Chorus

Verse two:
You're pushed into the streets
Pushed out of your job
If you don't work no one eats
Part of the working class
Out in the streets
You're shaken up the city
Now we're shaken up the freaks
City Joe not worken anymore
It ain't got nothen to do with him
Cancel culture knocken on the door
Deep iterations of stimulation
No this isn't classism anymore
Just don't replace the human experience
Then I can't go to work anymore
Flip the circuit walk through that door
Now let's get back to work
Ya let's settle the score
I told you once boy

....End song

CHAPTER:

A Great Book Of American Songs (X.)

Russell A. Clemo

INDEX

By: Russell A. Clemo
Song titled: **Let The Love Translate**

Let the love translate
If you can see me here
Ya let the love translate
Because girl I need you near
        Chorus

        Verse one:
Let feelings draw you close
Girl I can barely wait
I want to feel you here
It's summer time this year
Ya celebrate life with no fear
You can take my hand
I want to hold you near
Dance to take your stand
Spin you around right here
Your body is so magic
Winding up on me
Unwind your hips baby
Your lips finding me
Bathed in the summer's light
Your love is finding me
Ya sweet to the touch
I need you dancing next to me
Our bodies dance then touch
Let the love translate

Let the love translate
If you can see me here
Ya let the love translate
Because girl I need you near
        Chorus

Verse two:
My allure draws you close
Girl you can barely wait
I want to feel you here
It's summer time this year
You celebrate life no fear
You take my hand
Tell me to hold you near
I dance then take your hand
Spin you around right here
Your body and some magic
Winding up on me
Unwind your hips baby
Ya let your lips find me
Bathed in the summer's light
Your love is finding me
So sweet to the touch
I need you dancen next to me
Our bodies dance then touch
Let the love translate

Let the love translate
If you can see me here
Ya let the love translate
Because girl I need you near
Chorus

....End song

By: Russell A. Clemo
Song titled: **Let Us Dance Uno Mas**

Let us dance uno mas
I want your love honey
Ya we love uno mas
Come on and make love with me
      Chorus

      Verse one:
Gorgeous girl what you do
When you look at me
What you put me through
Your body's out of control
Now I'm your something new
Sunshine on my tan baby
My teeth whitened just for you
Cologne and body oils honey
Burn candles and insense too
Let us dance uno mas
I want your love honey
Ya we love uno mas
Come on and make love with me
One more time honey
We'll feel wild and free
Ya we're separated from another space
But together we can see
Through space and time
You can see through me

Let us dance uno mas
I want your love honey
Ya we love uno mas
Come on and make love with me
      Chorus

Verse two:
Beautiful girl what you do
When you look at me
I celebrate you too
Our body's are out of control
Now I'm your something new
Sunshine on my tan baby
My teeth whitened just for you
My Cologne and body oils
Burn candles for ambiance too
Let us dance uno mas
I want your love honey
Ya we love uno mas
Come on and make love with me
One more time honey
We'll feel wild and free
If we're separated from another space
But together we see
Through space and time
You can see through me

....End song

By: Russell A. Clemo
Song titled: **Watching The Sun Rise**

Watching the sun rise
Looking through my eyes
You watch as it rise
I'm looken into your eyes
       Chorus

      Verse one:
Control the sun rise
It blinks through your eyes
Ya I watch through reflections
I see the reflection in your eyes
Orange yellows and blues
Ya I can try
Then my heart finds you
Smell sea salt in the air
Watch as you drip dry
The smell is in your hair
Watching the sun rise
Looking through my eyes
You watch as it rise
I'm looking into your eyes
The oceans deep reflections
Your eyes look so brilliant
Your hair as it dries
You let me kiss your eyes

Watching the sun rise
Looking through my eyes
You watch as it rise
I'm looken into your eyes
       Chorus

Verse two:
Control the sun rise
It blinks through your eyes
Ya I watch through reflections
I see the reflection in your eyes
Orange yellows and blues
Ya I can try
Then my heart finds you
Smell sea salt in the air
Watch as you drip dry
The smell is in your hair
Watching the sun rise
Looking through my eyes
You watch as it rise
I'm looking into your eyes
The oceans deep reflections
Your eyes look so brilliant
Your hair as it dries
You let me kiss your eyes

....End song

By: Russell A. Clemo
Song titled: **I Need My Mamasita**

I need my mamasita
What's up que paso
I want my mamasita
She tells me que paso
        Chorus

        Verse one:
You are in this paradise
In this place where we meet
You are that love in the air
The sand under my feet
A drink in my hand darlin
I can feel your heat
Is this my forever
In this place where we meet
Will you take my hand
I need my mamasita
What's up que paso
I want my mamasita
She tells me que paso
 She wants her gringo
 Says she doesn't want her Paco
Now I'm dancen with her
So much love que paso
I need my mamasita

I need my mamasita
What's up que paso
I want my mamasita
She tells me que paso
        Chorus

Verse two:
You are in this paradise
In this place where we meet
You are that love in the air
The sand under my feet
A drink in my hand darlin
I can feel your heat
Is this my forever
In this place where we meet
Will you take my hand
I need my mamasita
What's up que paso
I want my mamasita
She tells me que paso
 She wants her gringo
 Says she doesn't want her Paco
Now I'm dancen with her
So much love que paso
I need my mamasita

....End song

By: Russell A. Clemo
Song titled: **It's Not Over Yet**

It's not over yet
It's not over tonight
I can dance with you
Now let's dance here tonight
            Chorus

            Verse one:
Toes in the sand
It's in the last light
Make a bonfire
Dance on the beach tonight
In a lovers light
Looken into your doey eyes
So brilliant and bright
You have a woman's magic
Drink me in your light
Hang on to me honey
Us dancen here tonight
Let us mix emotions too
Good food and drinks tonight
Bar is on the beach
There's romance so we ain't gonna fight
I'm pulling you in closer now
I can feel your light
It's not over yet

It's not over yet
It's not over tonight
I can dance with you
Now let's dance here tonight
            Chorus

Verse two:
Toes in the sand
It's in the last light
Make a bonfire
Dance on the beach tonight
In a lovers light
Looken into your doey eyes
So brilliant and bright
You have a woman's magic
Drink me into your eyes
Hang on to me honey
Us dancen here tonight
Let us mix emotions too
Good food and drinks tonight
Bar is on the beach
There's romance so we ain't gonna fight
I'm pulling you in closer now
I can feel your light
It's not over yet

....End song

By: Russell A. Clemo
Song titled: **She Wants My Rusty Gold**

She wants my rusty gold
Out in the summer sun
Or in the blistering cold
She says you're the one
        Chorus

        Verse one:
Like an old Chevy in the yard
Grass growen up so high
Ya with windows rolled down
Little bit of rust but it will never die
That's the love inside my eye
The the love inside your eyes
Late in the evening when it gets dark
Early morning watch the sun rise
Can see the look given you that spark
Ya you want my rusty gold
She wants my rusty gold
Out in the summer sun
Or in the blistering cold
She says you're the one
Strip my rust down to the bones
But don't sell me for parts
Give me your tender love
Traden for two rusty hearts

She wants my rusty gold
Out in the summer sun
Or in the blistering cold
She says you're the one
        Chorus

Verse two:
I'm your old Chevy in the yard
Grass grown up so high
You can roll those windows down
Little bit of rust but it'll never die
That's the love inside your eye
The the love inside my eyes
Late in the evening when it gets dark
Early morning watch the sun rise
Can see the look given me that spark
Ya you want my rusty gold
She wants my rusty gold
Out in the summer sun
Or in the blistering cold
She says you're the one
Strip my rust down to the bones
But don't sell me for parts
Give me your tender love
Traden for two rusty hearts

....End song

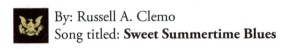 By: Russell A. Clemo
Song titled: **Sweet Summertime Blues**

Sweet summertime Blues
I hate to love you
Sweet summertime Blues
I love to love you
Ya Sweet summertime Blues
        Chorus

        Verse one:
Make love is so easy
I celebrate you
Please good loven come easy
You celebrate too
We're perfectly imperfect
Within harmony too
We will celebrate the Blues
I see your mantra too
Make the Bluegrass blue skies too
Your a magic woman
I tell you what I want to do
Make beautiful lyrics for love
Hope my philanthropy will reach someone too
Innovate your understanding of love
Then together that's what we'll do
Give me sweet summertime
I'll frame your beautiful mind
Something a beautiful song designed

Sweet summertime Blues
I hate to love you
Sweet summertime Blues
I love to love you
Ya Sweet summertime Blues
        Chorus

Verse two:
You make love look so easy
I celebrate you
Please good loven come easy
I celebrate too
Your perfectly imperfect
With some harmony too
We will celebrate the Blues
I see your mantra too
Make the Bluegrass blue skies too
Your a magic woman
I tell you what I want to do
Make beautiful lyrics for love
Hope for my philanthropy too
Innovate your understanding and love
Then together thats what we'll do
Give me sweet summertime
I'll frame your beautiful mind
Something a beautiful song designed

....End song

By: Russell A. Clemo
Song titled: **Ya Baby Rock On**

Ya baby rock on
Country boy play that song
Now we gonna rock on
Ya baby rock on
          Chorus

          Verse one:
She got party on her mind
Big hair and short skirts
She shot me in my heart
Hit me where it hurts
Ya rock on baby
Dance that song for me
Your a free spirit
No one needs to set you free
Now rock on
Little Jezebel so free
Country Blues play for me
I want to dance your heart
Open it up and see
I'll celebrate you honey
You make that music for me
No illusions from me baby
I think that I need you
Ya baby rock on

Ya baby rock on
Country boy play that song
Now we gonna rock on
Ya baby rock on
          Chorus

Verse two:
I got party on my mind
Big hair and short skirts
She shot me in my heart
Hit me again where it hurts
Ya rock on baby
Dance that song for me
I promise to be a free spirit
No one needs to set you free
Now rock on
Little Jezebel so free
Country Blues play for me
I want to dance your heart
Open it up and see
I celebrate you honey
You make that music for me
No illusions from me baby
I think that I need you
Ya baby rock on

....End song

By: Russell A. Clemo
Song titled: **Long As I Get My Money**

Long as I get the money
Drinken whiskey playen songs
Long as I get my money
Ya I told you that it's on
      Chorus

      Verse one:
Magics in the music
Glitter is in your eyes
Play for a crowded room
Give the people their prize
I have a special lyric for you
I'll give you somethen
Somethen to hold on to
Stage lights and the dark
I won't let the flame burn out
I won't leave you on the dark
Ya I told you that it's on
No more lonely hearts
Your big hair and glossy lips
God's gift to women
The my heart on your lips
Dance for me pretty baby
Rock'N'Roll never quits
Ya I told you that it's on

Long as I get the money
Drinken whiskey playen songs
Long as I get my money
Ya I told you that it's on
      Chorus

Verse two:
She's magic in the music
Glitter is in her eyes
I play for a crowded room
Give the people their prize
I have a special lyric for you
I'll give you somethen
Somethen to hold on to
Stage lights and the dark
No don't let the flame burn out
I won't leave you in the dark
Ya I told you that it's on
No more lonely hearts
Your big hair and glossy lips
God's gift to women
That's my heart on your lips
Dance for me pretty baby
Rock'N'Roll never quits
Ya I told you that it's on

....End song

By: Russell A. Clemo
Song titled: **Just Call Out My Name**

Just call out my name
When you feel electric
If you run that game
When you feel electric
Ya I still run with that game
          Chorus

          Verse one:
It's so easy now
When you run that game
Darkness in the night
Loves in that flame
Gasoline in the motors
Petal to the metal is my game
Ya was it so easy
Your heart is never tame
Sweat - fishnets and skirts
My heart is never tame
Baby just call out my name
When you feel electric
If you run that game
When you feel electric
I still run that game
Hot summer and lipstick
Your after my heart now
Damn girl you cut to the quick
I give you my heart now
Big hair and lips take it quick
If we're still runnen now
I've still got my stick
Ya if your loven me girl
Just call out my name

Just call out my name
When you feel electric

If you run that game
When you feel electric
Ya I still run with that game
        Chorus

        Verse two:
I'm feeling easy now
Then you run that game
There's darkness in the night
Loves in that flame
Putten gasoline into the motor
Petal to the metal is my game
Ya was it so easy
Your heart is never tame
Sweat - fishnets and skirts
My heart is never tame
Ya you better call out my name
When you feel electric
If you run that game
When you feel electric
I still run that game
It's hot summer and lipstick
Your after my heart now
Damn girl you cut to the quick
I give you my heart now
Big hair and lips run it quick
If we're still runnen now
I've still got my stick
Ya if your loven me girl
Just call out my name

Just call out my name
When you feel electric
If you run that game
When you feel electric
Ya I still run with that game
        Chorus

        ….End song

CHAPTER:

A Great Book Of American Songs (XI.)

Russell A. Clemo

INDEX

By: Russell A. Clemo
Song titled: **Loven Is The Truth**

Loven is the truth
Not cancel culture baby
Just look and see the proof
Ya love is the truth
          Chorus

          Verse one:
Throwen out love
Boom box baby
Motor head runnen
Worken man goen crazy
Ya are we still loven
Don't want to hurt baby
Cancel culture goen
I wanna dance you around
Thunder and lightning baby
Liquid smoke goen
Look and see the proof is crazy
Ya love is the truth
Now dance this song for me
Young Jezebel baby
Make some love dancen for me
America and them spangled stars
Ya now we're free baby
You set me free

Loven is the truth
Not cancel culture baby
Just look and see the proof
Ya love is the truth
          Chorus

Verse two:
Not thrown out love
Boom box baby
Motorhead still runnen
Worken man goen crazy
You and me we're loven
We don't hurt anyone baby
Cancel culture goen
I wanna dance you around
Your thunder and lightning baby
Liquid smoke goen
Look and see the proof is crazy
Ya love is the truth
Now dance this song for me
Your my young Jezebel baby
Make some love dancen for me
America and them spangled stars
Ya now we're free baby
You set me free

Loven is the truth
Not cancel culture baby
Just look and see the proof
Ya love is the truth
         Chorus

        ....End song

By: Russell A. Clemo
Song titled: **This Journey's Still Rollen**

This journey's still rollen
Keep on rollen
We'll keep on goen
Make some love with me
      Chorus

      Verse one:
The city lights are on
We can feel them
I can hear their song
When that tries to get though
Celebrate in a song
So we can celebrate too
Keep rollen on honey
The journey will too
Right now I'm asken you
The journey's still rollen
Keep on rollen
We'll keep on goen
Make some love with me
I'll turn those city lights on
Tell everyone to feel them
Play my guitar in that song
When that tries to get through
Make some love with me

This journey's still rollen
Keep on rollen
We'll keep on goen
Make some love with me
      Chorus

Verse two:
Turn the city lights on
Now we feel them
You can hear there song
When this tries to get through
Celebrate in a song
Now we can celebrate too
Keep rollen on honey
The journey will too
Right now I'm asken you
This journey's still rollen
Keep on rollen
We'll keep on goen
Make some love with me
You'll turn these city lights on
Tell everyone to feel them
Play your guitar in that song
When that tries to get through
Make some love with me

This journey's still rollen
Keep on rollen
We'll keep on goen
Make some love with me
Chorus

....End song

By: Russell A. Clemo
Song titled: **Dancen The Way You Do That**

Dancen the way you do that
All those moves you use
People of the night how you do that
Ya she is ready to choose
        Chorus

        Verse one:
She tastes that rainbow vision
Extacy and bright lights
Fractal light now she's liven
Hips dancen around for me
Now we're both liven
Ten past ten on the bezzle
She has all my time
Pretty looks and a big heart
That's not all she is given
Then I tell her to show me
Dancen the way you do that
All those moves you use
People of the night how you do that
Ya she is ready to choose
Beautiful eyes and glossy lips
Ya she is a lit fuse
Supernatural work your hips
Dance the way you do that

Dancen the way you do that
All those moves you use
People of the night how you do that
Ya she is ready to choose
        Chorus

Verse two:
She says I'm rainbow vision
Her ecstacy and bright lights
Light refraction now I'm given
Hips dancen around for me
Now we're both liven
Ten past ten on new time
Ya she has all my time
That girl has a big heart
That's not all she is given
She says she wants to show me
Dancen the way you do that
All those moves you use
People of the night how you do that
Ya I'm ready to choose
Beautiful eyes and glossy lips
Ya now she's a lit fuse
Supernatural work your hips
Dance the way you do that

Dancen the way you do that
All those moves you use
People of the night how you do that
Ya she is ready to choose
Chorus

....End song

By: Russell A. Clemo
Song titled: **You Said You Don't Love Me**

You said you don't love me
Ya but I know you do
You said I'm not enough
But I know that we're true
      Chorus

     Verse one:
I want to run with you baby
We can take it down that road
I'll let your love drive me crazy
Ya go wherever that love takes me
Your hairspray and pouty lips
Then you call tellen me maybe
You said that I can date you
So you know that drives me crazy
I can date her but shes not mine
You said you don't love me
Ya but I know you do
You said I'm not enough
But I know that we're true
You callen says that I'm enough
Rip jeans and a cowgirl hat
I'm tellen you this is enough
Ya I let you drive my truck
Your asken everyone am I in love

You said you don't love me
Ya but I know you do
You said I'm not enough
But I know that we're true
      Chorus

Verse two:
Your love turns spinnen you
Your mind spins back around
You want my love to drive you crazy
I'll run you all over town
Your hairspray and pouty lips
Tell me is this really goen down
You said I'm yours but you gotta date me
Ya you know that drives me crazy
I can date her and she's mine
You said you don't love me
Ya but I know you do
You said I'm not enough
But I know that we're true
You callen says that I'm enough
Rip jeans and cowgirl hat
I'm tellen you this is enough
Ya I let you drive my truck
Your asken everyone am I in love

....End song

By: Russell A. Clemo
Song titled: **Love Is A Circular Motion**

Love is a circular motion
Let me loop with you
It's such a circular motion
Let me love with you
        Chorus

        Verse one:
I'm spinnen round and round
In space and time
I won't let love drowned
Taken you down to that bar
I'll be dancen you around
Then we'll tailgate out real late
Playen more of that country sound
With some classic Rock'N'Roll
Let the Budlight drowned
Ya let the music shake our soul
We'll stand up at the top
Dance all night ya that's the goal
Ya country music mix with Rock'N'Roll
Let the music shake you honey
Let it touch you to your soul
You spinnen round and round
In space and time
Love is a circular motion

Love is a circular motion
Let me loop with you
It's such a circular motion
Let me love with you
        Chorus

Verse two:
Your spinnen round and round
In space and time
You won't let love drowned
Taken you down to that bar
I'll be dancen you around
Then we'll tailgate out real late
Playen more of that country sound
With some classic Rock'N'Roll
Let the Budlight drowned
Ya let the music shake our soul
We'll stand up at the top
Dance all night that's the goal
Country music mix with Rock'N'Roll
Let the music shake me honey
Let it touch me to my soul
Your spinnen round and round
In space and time
Love is a circular motion

Love is a circular motion
Let me loop with you
It's such a circular motion
Let me love with you
          Chorus

          ....End song

By: Russell A. Clemo
Song titled: **I Gotta Be A Worken Man**

I gotta be a worken man
Put the work in honey
Or I ain't got sand
I gotta be a worken man
        Chorus

        Verse one:
Jezebel I'm worken to the bone
Now I want to bring it back home
Ya so I work it to the bone
Give her the finer things
She keeps on calling me home
Nest for me now honey
Build us something nice
We both work at somethen
We both pay that price
I promise I'll work harder for you
I gotta be a worken man
Put the work in honey
Or I ain't got sand
I gotta be a worken man
Your my Jezebel at home
Maken love for me
Just for me at home
I gotta be a worken man

I gotta be a worken man
Put the work in honey
Or I ain't got sand
I gotta be a worken man
        Chorus

Verse two:
Jezebel I'm worken to the bone
Now want to bring it back home
Ya so I work it to the bone
Give her the finer things
She keeps on calling me home
Nest for me now honey
Build us something nice
We both work at somethen
We both pay that price
I promise I'll work harder for you
I gotta be a worken man
Put the work in honey
Or I ain't got sand
I gotta be a worken man
Your my Jezebel at home
Maken love for me
Just for me at home
I gotta be a worken man

I gotta be a worken man
Put the work in honey
Or I ain't got sand
I gotta be a worken man
    Chorus

    ….End song

By: Russell A. Clemo
Song titled: **Good Loven Will Set You Free**

Good loven will set you free
Put that loven on me
Good times will be
Share your good times with me
          Chorus

          Verse one:
My Goddess she sees
Celebrate her love
She worships me
I will serve you honey
Now be a wife for me
Extraordinary lights on
Splay that heart for me
You turn the lights on
Now keep them on for me
Spread love in this world
Good loven will set you free
Put that loven on me
Good times will be
You share your good times with me
Be my wonderful creature
A shining light I can see
Something about a wonderful creature
Good loven will set you free

Good loven will set you free
Put that loven on me
Good times will be
Share your good times with me
          Chorus

Verse two:
That Goddess she sees
Celebrate my love
Please worship me
I will serve you honey
Please be a wife for me
Extraordinary lights on
Splay that heart for me
I turn the lights on
Now keep the lights on for me
Spread love in this world
Good loven will set you free
Put that loven on me
Good times will be
You share your good times with me
Be my wonderful creature
A shining light I can see
Something about a wonderful creature
Good loven will set you free

….End song

By: Russell A. Clemo
Song titled: **When You Get Up Out Of Bed**

When you get up out of bed
Get up out of your head
Ya push hard and get out the lead
You're love and sweet sunshine
      Chorus

      Verse one:
So hard to get up sometimes
Pushen hard between the lines
So hard when I try to find
Pushen hard to hear the call
Hard work show me the signs
Don't let a patriot fall
Ya within a worken man's designs
He don't let his pretty little girl fall
Give her all that she designs
Ya she can have it all
Jeans with lipstick and pumps
Make me the worken man's crawl
Big hair and pouty lips
When I'm coming home to you
Dance you around baby
Ya I'm maken love to you
Baby build that nest for me
Celebraten life you set me free

When you get up out of bed
Get up out of your head
Ya push hard and get out the lead
You're love and sweet sunshine
      Chorus

Verse two:
So hard to get up sometimes
She's pushen hard between the lines
So hard when she try to find
Pushen hard to hear the call
Hard work show her the signs
Don't let a patriot fall
Ya within a worken woman's designs
She don't let her strong man fall
Give her all that she designs
Ya she can have it all
Jeans with lipstick and pumps
Make me the worken man's crawl
Big hair and pouty lips
When I'm coming home to you
Dance you around baby
Ya I'm maken love to you
Baby build that nest for me
Celebraten life you set me free

....End song

By: Russell A. Clemo
Song titled: **Step Inside Of Your Love**

Step inside of your love
Then set me free
Step inside of your love
Tell me what you see
             Chorus

             Verse one:
I'm steppen to the music
Dancen here in time
I'm looken at you girl
Your looken so fine
Got rattlesnake on my boots
Got whiskey on my shine
Howlen at the moon now
Wanna make you mine
Out here runnen now
But I give you that shine
Cowboy hat on tight honey
Outlaw I'm hard to find
I still dance with you darlin
Tonight I wanna make you mine
Show me now honey
Show me your shine
Dance for me baby
Show me your shine

Step inside of your love
Then set me free
Step inside of your love
Tell me what you see
             Chorus

Verse two:
Your steppen to the music
Dancen here in time
I'm looken at you girl
You looken so fine
Got rattlesnake on my boots
Got whiskey on my shine
Howlen at the moon
Wanna make you mine
Out here runnen now
But I give you that shine
Cowboy hat on tight honey
Outlaw I'm hard to find
I still dance for you darlin
Tonight I wanna make you mine
Show me now honey
Show me your shine
Dance for me baby
Show me your shine

....End song

By: Russell A. Clemo
Song titled: **It's Rum Eggnog And Sweet Spice**

It's Rum Eggnog And Sweet Spice
Lots of leaves touching on the ground
Fire burning it feels real nice
Tell me can you hear the sound
          Chorus

          Verse one:
It's the month of October baby
Winter always comes too soon
Who wants to go on a hay ride
Sure beats the month of June
Have corn dogs and cotton candy
We'll cut through the corn maze
Winter it always comes too soon
It's harvest time honey
Underneath a harvest moon
Halloween and trick or treating
Kids don't eat your candy too soon
It's early evening in the fall
Scooping pumpkins out with a spoon
Tomorrow to the farmers market
Pumpkin pie underneath a full moon
Smoke coming from every chimney
Let the sweet smells enter my room
Let sweet smells in every room

It's Rum Eggnog And Sweet Spice
Lots of leaves touching on the ground
Fire burning it feels real nice
Tell me can you hear the sound
          Chorus

Verse two:
It's the month of October baby
Winter always comes too soon
Who wants to go on a hay ride
Sure beats the month of June
Have corn dogs and cotton candy
We'll cut through the corn maze
Winter it always comes too soon
It's harvest time honey
Underneath a harvest moon
Halloween and trick or treating
Kids don't eat your candy too soon
It's early evening in the fall
Scooping pumpkins out with a spoon
Tomorrow to the farmers market
Pumpkin pie underneath a full moon
Smoke coming from every chimney
Let the sweet smells enter my room
Let sweet smells in every room

....End song

CHAPTER:

A Great Book Of American Songs (XII.)

Russell A. Clemo

INDEX

By: Russell A. Clemo
Song titled: **This Paradise Is Sweet**

This Paradise is sweet
While another Paradise still waits
Paradise without ends
Paradise with a beginning where it waits
          Chorus

          Verse one:
Let us make love
When it's love
Take your seat
I'll feed you baby
Champagne when we eat
Kiss your lips my treat
If this is your Paradise
This Paradise where we meet
This Paradise is sweet
Paradise without end
While another Paradise still waits
Paradise with a beginning where it waits
Ya Your love is like this
So now I'm winning
Let's dance like this
For love if we're sinning
My love is like this
Our love and a kiss

This Paradise is sweet
While another Paradise still waits
Paradise without ends when we meet
Paradise with a beginning where it waits
          Chorus

Verse two:
Let us make love
When it's love
Take your seat
I'll feed you baby
Champagne when we eat
Kiss your lips my treat
This is your Paradise
This Paradise where we meet
This Paradise is sweet
Paradise without end
While another Paradise still waits
Paradise with a beginning where it waits
Ya Our love is like this
So now I'm winning
A love dance like this
For love if we're sinning
My love is like this
Our love and a kiss

....End song

By: Russell A. Clemo
Song titled: **Her Body Was Dancen**

Her body was dancen
She was spinnen round and round
Her hips twitchen up and down
She was dancen to that sound
     Chorus

     Verse one:
When your rocken me
Your love sets me free
I must be out my tree
You're sexy and free
Lipstick and lots of heart
I told you you're killing me
Will you be my good time
I want your extacy
I'll tell my brother
I'll tell a friend
Her body was dancen
She was spinnen round and round
Her hips twitchen up and down
She was dancen to that sound
Ya keep on rocken me
I must be out my tree
Your lipstick and lots of heart
Ya you're killing me

Her body was dancen
She was spinnen round and round
Her hips twitchen up and down
She was dancen to that sound
     Chorus

Verse two:
Love keep on rocken me
The love will set us free
Ya I must be out my tree
You're my sexy and free
Lipstick and lots of heart
I told you you're killing me
Now won't you be my good time
I want you and your extacy
Ya I'll tell my brother
I'll tell a friend
Her body was dancen
She was spinnen round and round
Her hips twitchen up and down
She was dancen to that sound
Ya keep on rocken me
I must be out my tree
Your lipstick and lots of heart
Ya you're killing me

Her body was dancen
She was spinnen round and round
Her hips twitchen up and down
She was dancen to that sound
     Chorus

    ….End song

By: Russell A. Clemo
Song titled: **Keep On Calling Me Home**

Keep on calling me home
I can hear my name
Your voice still calling me home
Baby won't you say my name
          Chorus

          Verse one:
There's a light in my soul
Your love and painted lips
I need you to make me whole
I want to kiss your lips
Your summer love is like this
I know a heart breaks
When it breaks like this
Your gorgeous hair baby
Now I want this kiss
I need your stare baby
You looken at me like this
I see what you want
You can have my heart
Ya it's in my lovers kiss
On the other side of the moon
How can you see like this
Won't you say my name
Ya keep on calling me home

Keep on calling me home
I can hear my name
Your voice still calling me home
Baby won't you say my name
          Chorus

Verse two:
There's a light in my soul
Your love and painted lips
I need you to make me whole
I want to kiss your lips
Your summer love is like this
I know a heart breaks
When it breaks like this
Your gorgeous hair baby
Now I want this kiss
I need your stare baby
You looken at me like this
I see what you want
You can have my heart
Ya it's in my lovers kiss
On the other side of the moon
How can you see like this
Won't you say my name
Ya keep on calling me home

….End song

By: Russell A. Clemo
Song titled: **She's Playen For Keeps**

She's playen for keeps
When the world waits
Ya she never sleeps
When her love waits
        Chorus

        Verse one:
She leaves her family at home
Worken woman with a bone
She's worken harder for her home
Ya worken woman in that zone
In her suit cut skirt baby
Ya General Manager work that phone
Shift Managers below her now
Under her high heels then your cover's blown
No slacken on the job now
She's playen for keeps
When the world waits
Ya she never sleeps
When her love waits
She meets her family at home
End of the day now baby
She's worken harder for her home
Worken harder for her family
She's playen for keeps

She's playen for keeps
When the world waits
Ya she never sleeps
When her love waits
        Chorus

Verse two:
She leaves her family at home
Worken woman with a bone
She's worken harder for her home
Ya worken woman in that zone
In her suit cut skirt baby
Ya General Manager work that phone
Shift Managers below her now
Under her high heels then your cover's blown
No slacken on the job now
She's playen for keeps
When the world waits
Ya she never sleeps
When her love waits
She meets her family at home
End of the day now baby
She's worken harder for her home
Worken harder for her family
She's playen for keeps

She's playen for keeps
When the world waits
Ya she never sleeps
When her love waits
Chorus

....End song

By: Russell A. Clemo
Song titled: **You Give So Much To Me**

You give so much to me
So much sets me free
You're a brilliant love
You'll see every side of me
          Chorus

          Verse one:
Brilliant girl it's true
Inside your lover's eyes
Wrinkle your nose for me too
While our loven tries
I need all of you
Your brilliant heart cries
And I cry with you
When you kiss my lips honey
I know this is all for you
Now hold my hand baby
You give so much to me
So much sets me free
You're a brilliant love
You'll see every side of me
Tomorrow's without a shade
I want to nurture a seed
You're a beautiful sunshine
You're my heart free'd

You give so much to me
So much sets me free
You're a brilliant love
You'll see every side of me
          Chorus

Verse two:
Summer girl it's true
Inside you have lover's eyes
Wrinkle your nose for me too
While your loven tries
I want all of you
Your brilliant heart cries
And I cry with you
Now kiss my lips honey
I know this is all for you
Hold my hand summer baby
You give so much to me
So much sets me free
You're a brilliant love
You'll see every side of me
Tomorrow's without a shade
I want to nurture a seed
You're a beautiful sunshine
Now my heart is free'd

....End song

By: Russell A. Clemo
Song titled: **Lost All Track Of Time**

Lost all track of time
Sitting under a shade tree
Circumstances will unwind
Problems that weren't made for me
        Chorus

        Verse one:
My heart doesn't mind
Let time fall away
Each guitar note designed
I let love live this way
This dance was designed
Each guitar will play
I see you under a shade tree
Let love come and unwind
My love in this moment
Lost all track of time
Sitting under a shade tree
Circumstances will unwind
Problems that weren't made for me
Find love inside of a glass
Tell me who is free
Drink inside of each glass
Girl can't you see
Lost all track of time

Lost all track of time
Sitting under a shade tree
Circumstances will unwind
Problems that weren't made for me
        Chorus

Verse two:
Your heart doesn't mind
Let time fall away
Each guitar note designed
You let love live this way
This dance was designed
Each guitar will play
You see me under a shade tree
You let love come and unwind
Love is in this moment
Lost all track of time
Sitting under a shade tree
Circumstances will unwind
Problems the weren't made for me
Find love inside of a glass
Tell me who is free
Drink inside of each glass
Girl can't you see
Lost all track of time

....End song

By: Russell A. Clemo
Song titled: **Help Me Close My Eyes**

Help me close my eyes
So much life in you
My heart in your eyes
I can see myself in you
       Chorus

       Verse one:
A homeless man in the streets
No food or shelter
A humble man when he eats
Nobody knows him now
Life is full of bad beats
Rescue a lonely man
Show him all he needs
Lift a broken heart
I'll lift you up when we meet
If you are a broken man
Hand me your broken hand
Help me close my eyes
So much life in you
My heart in your eyes
I can see myself in you
With opportunities we reform
Lay my praying hands on you
Now help me close my eyes

Help me close my eyes
So much life in you
My heart in your eyes
I can see myself in you
       Chorus

Verse two:
I was a homeless man in the streets
with no food or shelter
A humble man when I eat
Nobody knows that now
Beat all of my bad beats
Rescue a lonely man
Show him all he needs
Lift a broken heart
I'll lift you up when we meet
I was a broken man
Hand me your broken hand
Help me close my eyes
So much life in you
My heart in your eyes
I can see myself in you
With opportunities we reform
Lay my praying hands on you
Now help me close my eyes

Help me close my eyes
So much life in you
My heart in your eyes
I can see myself in you
Chorus

....End song

By: Russell A. Clemo
Song titled: **Until The Day When Heaven Greets You**

Until the day when heaven greets you
Find forever in your paradise
Celebrate love and faith it needs you
Love is without all of the price
      Chorus

      Verse one:
We are in faith
You realise in yourself
Please believe in faith
Feel acceptance in your heart
I can feel it now
Do this before your soul emparts
Before you're in flight
Ya your memory never departs
Feel acceptance in that test
That's when I'm loven you
Liven life now I'm feelen blessed
If we are glad when we are weak
Then we have not failed the test
Yes God of love and peace
He can heal all of the rest
Greet one another with a Holy kiss
All the Saints greet you too
Until the day when heaven greets you

Until the day when heaven greets you
Find forever in your paradise
Celebrate love and faith it needs you
Love is without all of the price
      Chorus

Verse two:
We are in faith
You realise in yourself
Please believe in faith
Feel acceptance in your heart
I can feel it now
Do this before your soul emparts
Before you're in flight
Ya your memory never departs
Feel acceptance in that test
That's when I'm loven you
Liven life now I'm feelen blessed
If we are glad when we are weak
Then we have not failed the test
Yes God of love and peace
He can heal all of the rest
Greet one another with a Holy kiss
All the Saints greet you too
Until the day when heaven greets you

Until the day when heaven greets you
Find forever in your paradise
Celebrate love and faith it needs you
Love is without all of the price
Chorus

....End song

By: Russell A. Clemo
Song titled: **Christmas Lights So Bright**

Christmas lights so bright
Ya feel it warm your heart tonight
While Santa takes one trip around the world
It's you and me little Darlin
Take one trip around the world
            Chorus

        Verse one:
I can see smiles
See smiles on pretty faces
I can see presents
Presents under the tree
We can feel the love
If there's love inside of me
The holidays are buzzing baby
Plans made for you and me
Let's take one trip around the world
Christmas lights so bright
Ya feel it warm your heart tonight
While Santa takes one trip around the world
It's you and me little Darlin
One trip around the world
Dance around the Christmas tree
Everyone will be without a care
It's the holiday season baby
Feel the love everywhere

Christmas lights so bright
Ya feel it warm your heart tonight
While Santa takes one trip around the world
It's you and me little Darlin
Take one trip around the world
            Chorus

Verse two:
You can see smiles
See smiles on pretty faces
You can see presents
Presents under the tree
We can feel the love
If there's love inside of me
The holidays are buzzing baby
Plans made for you and me
Let's take one trip around the world
Christmas lights so bright
Ya feel it warm your heart tonight
While Santa takes one trip around the world
It's you and me little Darlin
One trip around the world
Dance around the Christmas tree
Everyone will be without a care
It's the holiday season baby
Feel the love everywhere

....End song

By: Russell A. Clemo
Song titled: **Christmas Time With Fires All Aglow**

Christmas time with fires all aglow
Ya sleigh bells jinglen and some snow
Santa knows that you know
Something's comen down chimney lane
Ya I know that you know
      Chorus

      Verse one:
See Santa's sleigh blazing a trail
He's fast like a shooting star
With a twinkle in Santa's eyes
He knows where you are
Presents for the Christmas tree
Santa's guided by the Northern Star
I want to hear those sleigh bells Santa
Ya Rudolph the reindeer will take you far
Drive all of those reindeer Santa
Christmas time with fires all aglow
Ya sleigh bells jinglen and some snow
Santa knows that you know
Something's comen down chimney lane
Ya I know that you know
A glass of milk underneath that Northern Star
Enjoy good eggnog and some mistletoe
Some cookies by the Christmas tree for Santa
Ya Santa knows that you know

Christmas time with fires all aglow
Ya sleigh bells jinglen and some snow
Santa knows that you know
Something's comen down chimney lane
Ya I know that you know
      Chorus

Verse two:
See Santa's sleigh blazing a trail
He's fast like a shooting star
With a twinkle in Santa's eyes
He knows where you are
Presents for the Christmas tree
Santa's guided by the Northern Star
I want to hear those sleigh bells Santa
Ya Rudolph the reindeer will take you far
Drive all of those reindeer Santa
Christmas time with fires all aglow
Ya sleigh bells jinglen and some snow
Santa knows that you know
Something's comen down chimney lane
Ya I know that you know
A glass of milk underneath that Northern Star
Enjoy good eggnog and some mistletoe
Some cookies by the Christmas tree for Santa
Ya Santa knows that you know

....End song

www.ingramcontent.com/pod-product-compliance
Lightning Source LLC
Jackson TN
JSHW011855210625
86431JS00002B/13